Duderstadt · Ästhetik und Stofflichkeit

V 2000

Für Wolfgang
herzlich
von Matthias

Matthias Duderstadt

Ästhetik und Stofflichkeit

Ein Beitrag zur elementaren Bildung

Deutscher Studien Verlag · Weinheim 1997

Über den Autor:
Matthias Duderstadt, Dr. phil., Jg. 50, ist Autor, Kunstpädagoge
und Kunstwissenschaftler.

Druck nach Typoskript (DTP)

© 1997 Deutscher Studien Verlag · Weinheim
Druck: Druck Partner Rübelmann, 69502 Hemsbach
Seriengestaltung des Umschlags: Atelier Warminski, 63654 Büdingen
Printed in Germany

ISBN 3 89271 674 9

Inhaltsverzeichnis

0   Einleitung

Die vorliegende Arbeit verfolgt das Ziel, die wesentlichen Aspekte eines „Buches" zu reflektieren, das ich 1992 veröffentlicht habe: „Das Material-Buch".[1]

Es handelt sich dabei um einen Kasten mit 16 Materialproben, die – von geringen Abweichungen abgesehen – dieselben Abmessungen haben: Die Quadrate sind 5 × 5 cm groß und haben eine Stärke von 5 mm. Um welche Materialien es sich handelt, geht aus folgender Abbildung hervor.

[1] M. Duderstadt, Das Material-Buch; Von Steinen und Metallen, Pflanzen und Tieren und uns, Aarau; Frankfurt/M.; Salzburg 1992

Zu diesem Ensemble gehört ein von mir verfaßtes Begleitbuch von etwa 120 Seiten, auf das allerdings in dieser Arbeit explizit nicht näher eingegangen wird, da für mich die Fragen im Vordergrund standen, welche unabhängig vom Begleitbuch an die Materialtäfelchen und deren Auswahl sich richten lassen.

Fragen der Stofflichkeit sind von grundlegender Bedeutung. Alle uns umgebenden (festen) Gebrauchs- und auch Kunstdinge sind aus irgendeinem Stoff gemacht und ihre Befragung muß zumindest unter den gegenwärtigen Bedingungen drei Zeitdimensionen umfassen.

Die Vergangenheitsfrage lautet: Woher stammt das Material, aus dem ein Ding geformt wurde, welche Geschichte hat es? Mit derartigen Fragen sind wir in Erzgruben, Wäldern, Steinbrüchen und auf Rinderfarmen.

Die Gegenwartsfrage lautet: Was geschieht mit den Dingen während ihres Gebrauchs? Damit sind beispielsweise Probleme der Kurzlebigkeit und Giftigkeit berührt.

Und die Zukunftsfrage lautet: Was wird aus den Dingen, wenn sie aus dem menschlichen Gebrauch ausgeschieden sind? Werden sie eingehen in die natürlichen Kreisläufe, ohne Schaden zu erzeugen?

Alle diese Fragen sind unbestreitbar wichtig, können auf verschiedenen Stufen des Verstehens immer neu gestellt werden und werden glücklicherweise inzwischen lebhaft auch in der Öffentlichkeit diskutiert.

Doch stehen in dieser Arbeit andere, wenngleich mit den angesprochenen untrennbar verbundene Fragen im Vordergrund:

Es geht um einen „neuen", sozusagen aktualisierten Wahrnehmungsbegriff, um die Bedeutung des Tastsinns und um eine möglichst präzise Begrifflichkeit in der Sphäre der Stofflichkeit.

Die Arbeit beginnt damit, dem Wahrnehmungsgehalt im Begriff „Ästhetik"
nachzugehen. Dies geschieht durch eine etymologische Klärung und durch
einen Rekurs auf A. G. Baumgarten.

Darauf folgt eine erkenntnistheoretische Skizze zur Subjekt-Objekt-
Relation – paradigmatisch dargestellt an den Positionen von R. Descartes,
I. Kant und H. Barth:
Denn das Nachdenken über Wahrnehmung zieht notwendigerweise das
Nachdenken über das Subjekt-Objekt-Problem nach sich.

Auf dieser Basis wird der Versuch unternommen, einen eigenen Wahrnehmungsbegriff zu entwickeln, der für sich beansprucht, auf alle Sinnesbereiche bezogen werden zu können, gleichwohl im Kontext dieser Arbeit
eine besondere Bedeutung für den Tastsinn hat. Zentral ist hierbei der Gedanke, die Dinge zu ihrem Recht kommen zu lassen, und die Betonung der
Untrennbarkeit von emotionalen und kognitiven Anteilen im Wahr-
nehmungsakt.

Der Blick wird dann focussiert auf den haptisch-taktilen Sinnesbereich:
Was geschieht eigentlich beim Tasten, und zu welchen Leistungen ist der
Tastsinn fähig?
Eine herausragende Stellung nimmt hier das Buch „Der Aufbau der
Tastwelt" von David Katz[2] ein - ein Werk, das oft zitiert, offenbar jedoch
selten gründlich gelesen wird. Leider war es nicht mehr möglich, ein Buch
einzuarbeiten, das ein vehementes, gleichwohl poetisches Plädoyer für die
Bedeutung des Tastsinns enthält: „Die fünf Sinne" von M. Serres[3].

....

[2] D. Katz, Der Aufbau der Tastwelt, Leipzig 1925
[3] Als Kostprobe soll hier wenigstens eine Passage wiedergegeben werden:
„Unsere Haut variiert wie die Schwanzfedern des Pfaus, auch wenn wir keine Federn
haben; man könnte meinen, sie sieht. Auf ihrer ganzen Oberfläche nimmt sie undeutlich
wahr; sie sieht klar und deutlich aufgrund der stechenden Singularität der Augen. Auch
sonst trägt sie überall eine Art undeutlich abgegrenzter Augen. Die Haut bildet Taschen
und Falten; in einem bestimmten Keimblatt verfeinert sie sich; das ist das Auge; an den

Dessenungeachtet ist hier immer implizit (gelegentlich auch explizit), was im ersten Teil definitorisch zum Wahrnehmen ausgeführt wurde.

Den Abschluß dieses Teils bilden ein Abschnitt mit den deutschen Wörtern, die auf Handtätigkeiten verweisen, und eine Passage, in der geprüft wird, welche Möglichkeiten „Das Material-Buch" dem Tastsinn bietet.

Im dritten und umfangreichsten Teil wird auf den wohl wichtigsten Aspekt des „Material-Buchs" eingegangen. Es wird der Versuch unternommen, genauer zu bestimmen, was unter „Materie", „Material" und vom Menschen geformten Dingen gefaßt werden könnte. Zugrunde liegen dabei die bekannten aristotelischen Kategorien „Hyle" und „Morphe" (Eidos) und die weniger bekannte „Steresis".

Ausgestattet mit diesem Differenzierungsinstrument wird ein genauerer Blick darauf geworfen, wie die Bauhaus- und Montessori-Pädagogik mit dem 'Materie-Material-Komplex' umgegangen ist, um dann exemplarisch an drei Gegenwartskünstlern zu überprüfen, ob sich die drei genannten Kategorien sinnvoll auch auf die Bildende Kunst anwenden lassen.

Diese Auswahl ist selbstverständlich nicht zufällig. Denn wenn von Material – zumal im Kontext von Tasten – die Rede ist, drängen sich die Ansätze des Bauhauses und der Montessori-Pädagogik geradezu auf.

Bei der exemplarischen Auseinandersetzung mit R. Long, U. Rückriem und J. Beuys spielt der Tastsinn allerdings – wenn überhaupt – nur am

übrigen Stellen verwässert sie die hier konzentrierten Evidenzen; die Augen sind nur aufgesetzt. Die Haut bildet eine Grube, einen gefalteten, leicht gewölbten, halbovalen Fächer darum herum, das ist das Ohr, in dem das Hörvermögen sich verdichtet; überall sonst, Paukenhöhle, Trommelfell, hört sie weniger und nur ungenau, aber sie hört dennoch, als wäre sie ein einziges Ohr. Unsere Haut ähnelt der des Jaguars, des Panthers oder Zebras, auch wenn wir kein Fell haben. Die Sinne zeichnen sich darauf ab, allenthalben weist sie taube Zentren auf, ist sie mit Marken übersät. Die Haut bildet eine Mannigfaltigkeit, die aus allen unseren Sinnen zusammengesetzt, zusammengemischt ist."
M. Serres, Die fünf Sinne; Eine Philosophie der Gemenge und Gemische, Frankfurt/M. 1993

Rande hinein. Hier geht es im wesentlichen um die Frage, inwieweit die drei ein klares Bewußtsein bei der Verwendung von 'Stofflichem' haben bzw. hatten.

Das Ende dieses Abschnitts bildet die Auseinandersetzung mit der Auswahl der ins „Material-Buch" aufgenommenen Stoffe.

Im letzten Teil versuche ich, die bisherigen Erfahrungen mit dem „Material-Buch" zusammenzufassen und zu reflektieren.

Dabei geht es vor allem um die Frage, wo Anleitung (oder Anregung) überflüssig und wo sie notwendig ist, aber auch um die Frage der Einbindung des „Material-Buchs" in den Kontext der zeitgenössischen Kunstproduktion und der aktuellen kunstpädagogischen Diskussion.

Die bisher erschienenen Besprechungen des „Material-Buchs" sind als Kopien gesondert beigefügt.

Abschließend sei angemerkt, daß sich die vorliegende Arbeit ohne genauere Kenntnis des „Material-Buchs" lesen und verstehen läßt.

Einen größeren Genuß bereitet die Lektüre freilich, wenn es einem bekannt ist.

1 Zum Ästhetik-Begriff – Rekurs auf A.G. Baumgarten

Das Wort Ästhetik geht etymologisch zurück auf das altgriechische Adjektiv aisthetikos (bzw. aisthetike [techne][4]), das mit „(sinnlich) wahrnehmend"[5] übersetzt werden kann. Sowohl das Adjektiv aisthetikos als auch das Substantiv aisthesis gehören zum Verb aisthanesthai (aisthanomai), dessen Bedeutungen unter anderem mit „fühlen, wahrnehmen, bemerken, empfinden, merken, erkennen, verstehen, einsehen, Einsicht haben"[6] angegeben werden.

Folgerichtig lassen sich auch die für das Substantiv aisthesis aufgeführten Übersetzungsmöglichkeiten zu einem Teil dem kognitiven, zu einem anderen dem emotionalen und zu einem dritten Teil beiden Bereichen zuordnen: „Gefühl, Wahrnehmung, Empfindung, Sinneswerkzeug, Empfindungsvermögen, Erkenntnis, Begreifen, Verständnis".[7]

Es kann also einleitend festgehalten werden, daß die Etymologie von Ästhetik weder eine einseitig emotional noch einseitig kognitiv bestimmte Festlegung nahelegt. Ferner rechtfertigt die *Etymologie* keine Reduzierung auf das Schöne oder Kunstschöne wie bei Kant bzw. Hegel. Und drittens läßt sich aus der Wortgeschichte keine Hierarchisierung von unteren (= tierischen) und oberen Erkenntniskräften wie z. B. bei Schiller[8] ableiten.

---

[4] Der große Duden, Band 7 (Etymologie), Mannheim 1963

[5] Menge-Güthling, Langenscheidts Großwörterbuch der griechischen und deutschen Sprache, Berlin, München, Zürich, 20. Auflage 1967

[6] Menge-Güthling, a.a.O.

[7] Menge-Güthling, a.a.O.

[8] „In dem Auge und dem Ohr ist die andringende Materie schon hinweggewälzt von den Sinnen, und das Objekt entfernt sich von uns, das wir in den tierischen Sinnen unmittelbar berühren. Was wir durch das Auge s e h e n, ist von dem verschieden, was wir e m p f i n d e n; denn der Verstand springt über das Licht hinaus zu den Gegenständen. Der Gegenstand des Takts ist eine Gewalt, die wir erleiden; der Gegenstand des Auges

Werfen wir einen Blick darauf, wie Alexander Gottlieb Baumgarten, der 'Vater' der Ästhetik als eigenständige philosophische Disziplin, mit diesem wortgeschichtlichen Erbe umgeht.

Der Begriff Ästhetik ist rund 250 Jahre alt; er taucht zum ersten Mal 1735 in der Dissertation A.G. Baumgartens auf.[9] In seiner 'Aesthetica' aus den Jahren 1750 und 1758 entfaltet und diskutiert Baumgarten diesen Begriff dann genauer. In Paragraph 1 der Prolegomena heißt es:

„Die Ästhetik [...] ist die Wissenschaft der sinnlichen Erkenntnis."[10]

Die wirkliche Bedeutung dieser Bestimmung wird erst klar, wenn man weiß, daß sich bereits Mitte des 18. Jahrhunderts alle Formen sinnlicher Erkenntnis in einer Verteidigerposition gegenüber den mathematisch-logischen Erkenntnisprinzipien befanden. Dazu hatte wesentlich Descartes durch seine radikale Infragestellung der Erkenntnismöglichkeiten der Sinne beigetragen, was weiter unten genauer gezeigt werden wird.

Interessanterweise geht es Baumgarten in seiner Ästhetik nun aber nicht nur um eine Rehabilitierung der sinnlichen Erkenntnis, sondern, wenn auch in geringerem Ausmaß, um einen Angriff auf das mathematisch-logische

---

und des Ohrs ist eine Form, die wir erzeugen. Solange der Mensch noch ein Wilder ist, genießt er bloß mit den Sinnen des Gefühls, denen die Sinne des Scheins in dieser Periode bloß dienen. Er erhebt sich entweder gar nicht zum Sehen, oder er befriedigt sich doch nicht mit demselben. Sobald er anfängt, mit dem Auge zu genießen, und das Sehen für ihn einen selbständigen Wert erlangt, so ist er auch schon ästhetisch frei, und der Spieltrieb hat sich entfaltet." Friedrich Schiller, Über die ästhetische Erziehung des Menschen, Stuttgart 1973, S. 113f.

[9] A.G. Baumgarten, Meditationes philosophicae de nonnullis ad poema pertinentibus, Halle 1735; reprogr. Nachdruck in: Reflections on poetry, A.G. Baumgarten's Meditationes philosophicae de nonnullis ad poema pertinentibus, translated with the original text, an introduction and notes by K. Aschenbrenner und W. B. Holther, Berkeley/Los Angeles 1954

[10] Zitiert nach: Hans Rudolf Schweizer, Ästhetik als Philosophie der sinnlichen Erkenntnis – eine Interpretation der 'Aesthetica' A.G. Baumgartens mit teilweiser Wiedergabe des lateinischen Textes und deutscher Übersetzung, Basel / Stuttgart 1973, S. 107. Alle weiteren Baumgarten – Zitate beziehen sich auf dieses Buch. Schema: A.G. Baumgarten, Aesthetica, Seitenangabe

Erkenntnisideal. Zunächst zu dem, was er für die Formen sinnlichen Erkennens ins Feld führt.

Eine wesentliche, wenn nicht *die* zentrale Rolle spielt in diesem Kontext das 'phaenomenon', von H.R. Schweizer meist mit 'individuelle Erscheinung' wiedergegeben. Was mit diesem Begriff genau gemeint ist, ist nicht leicht zu fassen, da hier Baumgartens hochkomplexer Ansatz deutlich wird.

Offenbar kann nämlich, was mit dem phaenomenon zum Ausdruck gebracht werden soll, weder einseitig der Produktions- bzw. Subjektseite noch einseitig der Rezeptions- bzw. Objektseite zugeschlagen werden. Ebenso widerspräche die Dichotomie von aktiv und passiv Baumgartens Grundgedanken. Und damit sind wir bereits zum Kern von Baumgartens Ästhetik vorgedrungen, wenn das auch in dieser Kürze nicht zu verstehen sein dürfte. Ich werde also versuchen, das komplexe Ganze zum besseren Verständnis in seine Hauptbestandteile zu zerlegen.

Wenn wir heute von sinnlicher Erkenntnis oder sinnlichem Erkennen sprechen, so stellen wir uns gewöhnlich nicht nur ein Erkenntnissubjekt und einen von ihm getrennten Erkenntnisgegenstand vor, sondern wir nehmen außerdem wie selbstverständlich an, daß es sich beim Erkennen um einen rein rezeptiven Vorgang handelt. Drittens drängt sich möglicherweise die Vorstellung auf, Fragen der sinnlichen Erkenntnis seien Fachleuten wie Philosophen und Kunsttheoretikern vorbehalten, und viertens liegt es nahe, sinnliche Erkenntnis auf die Kunstsphäre zu beziehen. All dies jedoch würde den Vorstellungen Baumgartens zuwiderlaufen.

Um mit dem vierten Punkt zu beginnen: Baumgartens Ästhetik ist keine Theorie der Kunst, sondern, ganz allgemein, eine Philosophie der sinnlichen Erfahrung der Welt. Sie ist daher nicht sogenannten Fachleuten vorbehalten, sondern läßt sich auf jeden Menschen beziehen – und zwar nicht nur auf kognitive, sondern gleichermaßen auf emotionale Prozesse. Insofern knüpft Baumgarten an die wortgeschichtliche Substanz von *aisthesis* an.

Darüber hinaus impliziert sinnliche Erkenntnis nach Baumgartens Verständnis den innigen, uns nicht geläufigen Zusammenhang von Rezeption und Produktion.

Wie soll man sich dieses 'Zusammenspiel' von Produktion und Rezeption vorstellen? Schweizer weist treffend darauf hin, „daß das spielende Kind nicht nur entdeckt und erkennt, sondern gleichzeitig auch gestaltet und darstellt."[11]

Dies mag nun bei Erwachsenen nicht in gleichem Maß der Fall sein. Wenn man sich jedoch Rezeptionsvorgänge genauer vergegenwärtigt, so ist nicht zu übersehen, daß in ihnen durch die 'Subjekte' gewisse Formungen und Strukturierungen stattfinden, denen man eine produktive Leistung nicht absprechen kann. Denkt man darüber hinaus an Hervorbringungen (im aktiven und im weiteren, also nicht nur auf den künstlerischen Bereich bezogenen Sinn), so ist die Bedeutung der Rezeption kaum zu übersehen: Die Dinge 'sagen' einem, was sie von unserem Tun halten, und beeinflussen so unser Handeln. Anders gesagt: Formungsprozesse sind dialogisch, Mensch und Ding beeinflussen sich wechselseitig. Hebt man also die starre Entgegensetzung von Produktion und Rezeption auf, so hat man es mit komplexeren Prozessen zu tun, die beide Momente enthalten. Im ersten Fall (Strukturierungen s.o.) könnte man von rezeptiv-produktiven, im zweiten Fall von produktiv-rezeptiven Vorgängen sprechen. Man hat es dann nicht mehr mit einem Gegensatz, sondern mit Akzentverschiebungen zu tun.

Was die Frage von 'Subjekt' und 'Objekt' in der sinnlichen Erkenntnis angeht, so muß ich etwas weiter ausholen, weil damit das Problem der Erkenntnismöglichkeiten überhaupt berührt ist. Es wurde bereits erwähnt, daß Baumgarten sich in einer Art Rechtfertigungsposition gegenüber dem vorherrschenden mathematisch-logischen Erkenntnisideal befindet. In der eingangs zitierten Definition seiner Ästhetik wird die sinnliche Erkenntnis im oben nicht wiedergegebenen Klammerinhalt den unteren Erkenntnisvermö-

---

[11] H.R. Schweizer, Ästhetik als Philosophie der sinnlichen Erkenntnis, a.a.O., S. 36

gen zugeordnet.[12] Doch gibt sich Baumgarten mit dieser Unterordnung der sinnlichen Erkenntnismöglichkeiten – wie die weitere Entwicklung seiner Gedanken zeigt – nicht zufrieden. Offenbar hat er tiefe Zweifel, „daß mathematische und logische Strukturen die sinnliche Erscheinung völlig zu erfassen und auszudrücken vermögen".[13]

Zum einen zeigt sich dieser Zweifel darin, daß er die mathematisch-logischen mit den sinnlichen Erkenntnismöglichkeiten zu verbinden sucht und dafür den Begriff 'ästhetikologisch' prägt. Zum anderen aber offenbart sich dies an den wenigen Stellen, an denen er offen zum Angriff gegen das mathematisch-logische Erkenntnis-'Monopol' übergeht. Dies geschieht beispielsweise in dem bekannten Paragraphen 560:

„Ich wenigstens glaube, es müßte den Philosophen völlig klar sein, dass nur mit einem grossen und bedeutenden Verlust an materialer Vollkommenheit all das hat erkauft werden müssen, was in der Erkenntnis und in der logischen Wahrheit an besonderer formaler Vollkommenheit enthalten ist. Denn was bedeutet die Abstraktion anderes als ein Verlust? Man kann, um einen Vergleich heranzuziehen, aus einem Marmorblock von unregelmäßiger Gestalt nur dann eine Marmorkugel herausarbeiten, wenn man einen Verlust an materialer Substanz in Kauf nimmt, der zum mindesten dem Mehrwert der regelmässig runden Gestalt entspricht."[14]

Mathematisch-logische Erkenntnis bedeutet demnach notwendigerweise eine Abstraktion vom sinnlichen Reichtum des einzelnen Dings – die Klarheit ist damit erkauft, daß von einer Reihe sinnlich erfahrbarer Aspekte abgesehen wird.

Sinnliche Erkenntnis impliziert die Konfrontation mit der Fülle der einzelnen Dinge, die mathematisch-logische zieht diese Fülle ab (abstrahere),

[12] Der Klammerinhalt lautet: (Die Ästhetik) „als Theorie der untern Erkenntnisvermögen, als Kunst des schönen Denkens und als Kunst des intuitiven, dem rationalen Denken analogen Erkennens". A.G. Baumgarten, Aesthetica, S. 107

[13] H.R. Schweizer, Vom ursprünglichen Sinn der Ästhetik, Zug 1976, S. 10

[14] A.G. Baumgarten, Aesthetica, S. 241f.

um zu 'runden', verallgemeinerbaren Ergebnissen zu kommen. Der mathematisch-logischen Erkenntnis wird damit nicht ihre Berechtigung abgesprochen, doch wird ihre Begrenztheit durch das klare, treffende Bild vom Marmorblock plausibel gemacht.

Noch deutlicher wird Baumgartens Kritik an anderer Stelle. Intensive sinnliche Wahrnehmung liefert nicht nur den Rohstoff für die 'höheren' Erkenntnisformen, wie dies von den Verfechtern eines hierarchisch aufgebauten Erkenntnismodells vertreten wird, sondern bildet die Voraussetzung dafür, daß die menschliche Seele „mit dem innern Sinn und mit dem tiefsten Bewußtsein die Veränderungen und Wirkungen der *übrigen geistigen Fähigkeiten* erproben und dabei *unter ihrer Führung* [Hervorh. M.D.] behalten kann.[15] Hierzu die Interpretation Schweizers, der ich mich weitgehend anschließen kann.

„In dieser letzten Wendung hat sich das Verhältnis der Erkenntnisvermögen zueinander gegenüber der Schultradition bereits umgekehrt. Der 'innere Sinn', das persönliche 'Bewußtsein', das sich dank der Fähigkeit, differenziert wahrzunehmen und zu empfinden, bildet, übernimmt die Kontrolle über alle geistigen Möglichkeiten des Menschen und wird damit zum Zentrum existentiell relevanter, aber rein intuitiver Erkenntnis."[16]

Nun versteht sich die starke Betonung des Intuitiven nicht von selbst. Sie wird plausibler, wenn man die Passagen Baumgartens heranzieht, in denen Wahrnehmungsweisen ins positive Licht gesetzt werden, die Rationalisten ein Greuel sein müssen. Baumgarten dehnt „die Möglichkeiten der ästhetischen Aktivität, das heisst hier des entspannten Schauens und Hörens, so weit aus, dass sie an den Schlaf grenzen. Die ganze Skala des mehr oder

---

[15] a.a.O., S. 123

[16] H.R. Schweizer, Ästhetik als Philosophie der sinnlichen Erkenntnis, a.a.O., S. 28

weniger bewussten Hörens und Sehens wird in gleicher Weise ernst genommen."[17]

Ich fasse zusammen: Baumgartens Ästhetik ist eine Philosophie der sinnlichen Wirklichkeitserfahrung. Sie geht von der Untrennbarkeit emotionaler und kognitiver Prozesse aus und betont die Einheit von Produktion und Rezeption. Außerdem läßt sie Erkenntnisformen zu, die dem von kontrollierter Bewußtheit, Kühle, Distanz und disziplinierter Ratio geprägten mathematisch- logischen Erkenntnisbegriff entgegenstehen. Daher ist plausibel, daß es für Baumgarten keine starre Entgegenstellung von Subjekt und Objekt geben kann. Denn ihm geht es um das komplexe Geschehen, das sich zwischen Mensch und Wirklichkeit im sinnlichen Erkennen ereignet, und dies ist es – und damit komme ich auf den Anfang zurück –, was Baumgarten unter dem 'phaenomenon' zu fassen sucht.

„Sie (die sinnliche Erkenntnis, M.D.) nimmt nicht entgegen, was von einem vermeintlich vorgegebenen Objekt auf den Menschen zukommt, sondern sie gestaltet aktiv mit, sie „macht sich ein Bild von der Wirklichkeit". Sie ist daher aktiv und passiv, produktiv und rezeptiv, subjektiv und objektiv in einem. Sie „ist" die Erscheinung (phaenomenon, M.D.) selbst, denn Erscheinung ist nur ein anderes Wort für den Vorgang der Begegnung zwischen Mensch und Welt."[18]

Diese Offenheit des Ansatzes war offenbar chancenlos, da es, geschichtlich und philosophiegeschichtlich betrachtet, um eine scheinbar wichtigere Frage ging: um die Frage der Naturbeherrschung nämlich, die ohne einen starren Dualismus von Subjekt und Objekt nicht auskommen kann. Dies wird im weiteren zu zeigen sein.

....

[17] a.a.O., S. 79

[18] H.R. Schweizer, Vom ursprünglichen Sinn der Ästhetik, Zug 1976, S. 28

18

1.1 Zur Subjekt-Objekt-Problematik

Die Gegenüberstellung von Subjekt und Objekt ist uns mittlerweile derart geläufig, daß wir Schwierigkeiten haben, uns Erkenntnisvorgänge zu vergegenwärtigen, bei denen eine strikte Subjekt-Objekt-Trennung fehl am Platz ist.

Der starre Dualismus von erkennendem Subjekt und zu erkennendem oder 'erkannten' Objekt ist offenbar eine Erfindung des mathematisch-logischen, allgemeiner des naturwissenschaftlichen Denkens, für dessen Beginn man Descartes (Cartesius), für dessen Differenzierung und Durchsetzung man Kant nennen kann. Betrachtet man die Lebensdaten von Descartes (1596–1650), Leibnitz (1646–1716), Wolff (1679–1754)[19] und Kant (1724–1804), so sieht man Baumgarten (1714–1762) sozusagen eingeklemmt zwischen hochgradig rationalistischen Denkern, die ganz andere Interessensschwerpunkte hatten als Baumgarten, der sich mit der Komplexität von Kunst- und Wirklichkeitserfahrung[20] herumschlug, und dies auch noch in einem Werk, das nacheinander in zwei Bänden erschien und dazu fragmentarisch bleiben sollte.

Es soll nun im weiteren, zumindest in den Grundzügen, gezeigt werden, in welcher Weise Descartes, Baumgarten, Kant und H. Barth mit der Subjekt-Objekt-Relation umgegangen sind. Heinrich Barth (1890-1965) steht in dieser Reihe als Exponent eines Denkens, das auf der eigenständigen Bedeutung ästhetischer Erkenntnis besteht und daher im Kontext von Baumgartens Werk gesehen werden kann.

Weiter oben war von Descartes radikalem Zweifel an der Leistungsfähigkeit der Sinne die Rede. Dieser Zweifel soll nun etwas ausführlicher

---

[19] Christian Freiherr von Wolff (auch Wolf) war ein wichtiger Lehrer Baumgartens

[20] Damit soll nicht behauptet werden, daß sich Baumgarten nicht auch mit anderen Fragen beschäftigt hat.

dargestellt werden, da er die Voraussetzung für eine strikte Trennung von Subjekt- und Objekt-'Welt' zu sein scheint.

„Alles nämlich, was ich bisher am ehesten für wahr gehalten habe, verdanke ich den Sinnen oder der Vermittlung der Sinne. Nun aber bin ich dahintergekommen, daß diese uns bisweilen täuschen, und es ist ein Gebot der Klugheit, denen niemals ganz zu trauen, die uns auch nur einmal getäuscht haben."[21] Die Sinne täuschen nicht nur über die Größe von Dingen (zum Beispiel über die entfernter Gegenstände); noch wesentlicher ist, daß das, was wir durch sie empfangen, nach Descartes nicht notwendigerweise Realitätscharakter besitzt.

„Denke ich einmal aufmerksamer hierüber nach, so sehe ich ganz klar, daß Wachsein und Träumen niemals durch sichere Kennzeichen unterschieden werden können [...]."[22]

Auf die Sinne ist also kein Verlaß, und so fragt Descartes weiter nach, wie man denn dann zu gesicherten Wahrheiten kommen könne.

„Denken? Hier liegt es: Das Denken ist's, es allein kann nicht von mir getrennt werden. Ich bin, ich existiere, das ist gewiß. Wie lange aber? Nun, solange ich denke. [...] Ich bin also genau nur ein denkendes Wesen, d. h. Geist, Seele, Verstand, Vernunft – lauter Ausdrücke, deren Bedeutung mir früher unbekannt war."[23]

Wenn davon die Rede ist, was *nicht* von ihm (Descartes) getrennt werden kann, so stellt sich die Frage, was abtrennbar bzw. abzutrennen ist. Abgetrennt wird der Körper:

„Unter Körper verstehe ich alles, was durch irgendeine Figur begrenzt, was örtlich umschrieben werden kann und einen Raum so erfüllt, daß es aus ihm jeden anderen Körper ausschließt; was durch Gefühl, Gesicht, Ge-

....

[21] R. Descartes, Meditationen über die Grundlagen der Philosophie, Hamburg 1960, S. 15f.; (9), 18 – Seitenangabe in Klammern: Erstausgabe, Seitenangabe ohne Klammern: Standardausgabe (Adam & Tannery, Bd. VII); so auch im folgenden.
[22] Descartes, a.a.O., S. 17; (10), 19
[23] a.a.O., S. 23; (21), 27

hör, Geschmack oder Geruch wahrgenommen, auch auf mannigfache Art bewegt werden kann, zwar nicht durch sich selbst, aber von irgend etwas anderem, das es berührt."[24]

Folgerichtig ist damit auch sein eigener Körper gemeint.

„Nun, zunächst bot sich mir dar, daß ich ein Gesicht, Hände, Arme und *diese ganze Gliedermaschine* habe, *die man auch an einem Leichnam wahrnimmt* [Hervorhebungen M.D.] und die ich als Körper bezeichnete."[25]

Abgetrennt wird darüber hinaus alles, was mit dem menschlichen Vorstellungs- und Einbildungsvermögen zusammenhängt.

„Außerdem aber ist in mir ja noch das gewissermaßen passive Vermögen der Wahrnehmung, d. h. das Vermögen, die Vorstellungen von Sinnesdingen aufzunehmen und zu verstehen; doch könnte dies mir gar nichts nützen, wenn es nicht auch ein gewisses aktives Vermögen entweder in mir oder in einem anderen gäbe, das diese Vorstellungen hervorruft oder bewirkt. *Und dies kann in der Tat in mir nicht sein*, da es ja gar kein denkendes Verstehen voraussetzt und da jene Vorstellungen nicht durch mein Zutun, sondern häufig auch gegen meinen Willen hervorgerufen werden. Es bleibt also nur übrig, daß es *in irgendeiner von mir verschiedenen Substanz* [Hervorhebungen M.D.] ist."[26]

Was nun nach diesen Abtrennungen übrig bleibt, ist das, was Descartes das 'reine Denken' nennt. Worauf sich dieses Denken bezieht, erhellen folgende Zitate:

„[...] die Natur der Körper im allgemeinen und ihre Ausdehnung [...], ferner die Gestalten der ausgedehnten Dinge, ebenso die Quantität, d. i. ihre Größe und Zahl, ebenso der Ort, an dem sie existieren, die Zeit, während der sie dauern, und dergleichen."[27]

....

[24] a.a.O., S. 23; (20), 26
[25] a.a.O., S. 22; (20), 26
[26] a.a.O., S. 71; (99), 79
[27] a.a.O., S. 17; (12), 20

„So sehr habe ich mich in diesen Tagen daran gewöhnt, mein Denken von den Sinnen abzulenken, so eingehend ist mir bewußt geworden, daß wir nur äußerst wenig von den körperlichen Dingen wahrhaft begreifen, weit mehr vom menschlichen Geiste und noch viel mehr von Gott erkennen, – daß ich schon jetzt ohne jede Schwierigkeit meine Gedanken von den Gegenständen der Einbildung abwende und auf die von aller Materie abgesonderten Gegenstände des reinen Denkens richte."[28]

Damit ist in groben Zügen rekonstruiert, was zur bekannten Unterscheidung zwischen zwei Substanzen, der 'res cogitans' und der 'res extensa' führt. Und mit dieser Scheidung zwischen denkender Substanz und ausgedehnter Substanz, zu der, wie wir gesehen haben, auch der eigene Körper gerechnet wird, kommt es zu einer radikalen und fundamentalen Entgegensetzung von erkennendem Subjekt und zu erkennendem Objekt, die, wie es scheint, bis in die heutige Zeit wirksam ist.

Ging es einmal darum, sich in den Dingen wiederzuerkennen, sich als Teil der vorhandenen Wirklichkeit zu empfinden, so wurde durch diesen radikalen Schnitt eine Konfrontation vollzogen: Von nun an steht ein 'Erkenntnissubjekt' den Dingen fast mißtrauisch gegenüber und macht sie zu Gegen-Ständen, Objekten.[29] Und was macht dieses 'Subjekt' mit seinen Sinnen, da es sie ja nicht ganz ausschließen kann? Es versucht, sie in den Dienst dieses Erkenntnismodells zu nehmen: Sie haben gezielt und streng

....

[28] a.a.O., S. 48; (60), 53

[29] Hochinteressant ist in diesem Zusammenhang die Etymologie von Subjekt und Objekt. Das Partizip von subicere *subiectus* bedeutet soviel wie *unten, unter etwas liegend* auch *unterworfen, untertan* und *preisgegeben.*
Die heute vorherrschende Verwendungsweise von Subjekt meint das genaue Gegenteil.
Das Partizip von obicere *obiectus* bedeutet soviel wie *vorliegend* oder vor *etwas liegend* und unterscheidet sich so nicht wesentlich von der heutigen Verwendungsweise des Wortes Objekt. Das Verb obicere hat jedoch auch die Bedeutung *entgegenwerfen,* und *entgegenstellen.*
Nach: H. Menge, Lateinisch-Deutsches Schulwörterbuch mit besonderer Berücksichtigung der Etymologie, Berlin-Schönberg 1911

22

kontrolliert nach außen zu 'blicken' – als dem reinen Denken unterworfene Instrumente, Werkzeuge:

„Denn die Sinnesempfindungen sind mir von Natur eigentlich nur gegeben, damit sie dem Geiste anzeigen, was für das Ganze, dessen Teil er ist, zuträglich oder unzuträglich ist [...]."[30]

Hoffmann-Axthelm faßt diesen grundsätzlichen 'Sichtwechsel', das in meinen Augen sehr einseitige Verständnis von Sinnestätigkeit, so zusammen:

„Worum es geht, wurde von Descartes auf der physikalischen Ebene festgemacht: Wahrnehmung als Betätigung eines Sinnesapparates, vermittels dessen die Außenwelt angeschaut wird. Das Prinzip der Camera obscura war um 1600 bekannt: durch eine punktförmige Öffnung Licht gebündelt in einen Dunkelraum einfallen zu lassen und auf einem Schirm aufzufangen. Daß das Auge physikalisch nach diesem Prinzip arbeitet, auch das war schon vor Descartes nachgewiesen worden. Descartes aber erkannte die mögliche Zusammenfassung von physikalischem Prinzip und metaphysischem Erkenntnisproblem zu einer Figur: dem zwischen Innen und Außen vermittelnden Sinnesapparat."[31]

Anders ausgedrückt: Die Res cogitans verschafft sich über den 'Sinnesbüttel', demgegenüber ein grundsätzliches Mißtrauen besteht, das notwendige Rohmaterial zur Erkenntnis und Beherrschung der Res extensa.

Was Descartes mit Kant verbindet – und damit gehe ich zu Kant über –, ist zumindest eines: daß er sich auf die Komplexität sinnlicher Wahrnehmung nicht wirklich einläßt, sondern die Frage der Sinnlichkeit auf einer hochabstrakten Ebene ansiedelt.

„In der transzendentalen Ästhetik also werden wir zuerst die Sinnlichkeit *isolieren*, dadurch, daß wir alles absondern, was der Verstand durch seine Begriffe dabei denkt, damit nichts als empirische Anschauung übrig

....

[30] Descartes, a.a.O., S. 74; (105), 83
[31] D. Hoffmann-Axthelm, Sinnesarbeit, Frankfurt/M.; New York 1987, S. 77

bleibe. Zweitens werden wir von dieser noch alles, was zur Empfindung gehört, abtrennen, damit nichts als reine Anschauung und die bloße Form der Erscheinungen übrig bleibe, welches das einzige ist, das die Sinnlichkeit a priori liefern kann. Bei dieser Untersuchung wird sich finden, daß es zwei reine Formen sinnlicher Anschauung, als Prinzipien der Erkenntnis a priori gebe, nämlich Raum und Zeit [...]."[32]

Kurz vor dieser Passage geht er in jovialem Ton kurz auf Baumgarten ein:

„Es liegt hier eine verfehlte Hoffnung zum Grunde, die der vortreffliche Analyst Baumgarten faßte, die kritische Beurteilung des Schönen unter Vernunftprinzipien zu bringen, und die Regeln derselben zur Wissenschaft zu erheben. Allein diese Bemühung ist vergeblich."[33]

Interessant hieran ist nicht nur die in meinen Augen falsche Reduktion von Baumgartens Ansatz auf 'die kritische Beurteilung des Schönen', sondern auch der direkt darauf folgende Hinweis:

„Denn gedachte Regeln, oder Kriterien, sind ihren *vornehmsten* Quellen nach bloß empirisch, und können also niemals zu *bestimmten* Gesetzen a priori dienen [...]."[34]

Kant versucht also, den gesamten Bereich der sinnlichen Wirklichkeitserfahrung von der Empirie abzuschneiden, denn apriorische Erkenntnisse beanspruchen Geltung unabhängig von jeder Erfahrung. Spätestens hier drängt sich die Frage auf, mit was für einem Erkenntnistyp man es eigentlich zu tun hat. Ohne Frage hatte Kant den Anspruch, eine Erkenntnislehre zu entwickeln, die auf alle Bereiche menschlicher Erkenntnis anwendbar ist. Doch hier sind Zweifel angebracht. Die Kategorien Raum und Zeit sind reine Verstandesbegriffe, mit Hilfe derer jeder 'Gegenstand' faßbar wird.

[32] Immanuel Kant, Kritik der reinen Vernunft 1, Frankfurt/M. 1990, S. 71; Paragraph 1, B 37, A 22, 23
[33] Kant, a.a.O., S. 70, Paragraph 1, B 35, 36, A 21
[34] Ebenda

Doch werden dabei die Dinge sozusagen als stumm vorausgesetzt, und der gesamte emotionale 'Komplex' bleibt ausgeschlossen.

„Die Sinne, das Vermögen der Rezeptivität, von Kant angesetzt als das Organ, das uns das Dasein von Gegenständen außer uns überhaupt anzeigt und mittels dessen wir von ihnen affiziert werden, hat er für diese Funktion viel zu schwach ausgestattet: sie liefern nichts als eine zusammenhanglose Datenmannigfaltigkeit: „Allein die Verbindung (coniunctio), eines Mannigfaltigen überhaupt, kann niemals durch Sinne in uns kommen, [...] denn sie ist ein Actus der Spontaneität der Vorstellungskraft, und, da man diese [...] Verstand nennen muß, so ist alle Verbindung [...] eine Verstandeshandlung" (KdrV B 129f.). Die menschlichen Sinne sind stumpf und blind geworden, der Mensch sieht nicht mehr, was an Ordnung die Natur von sich aus zeigt. Der Mensch, d. h. der der Natur entfremdete neuzeitliche Mensch, der Wissenschaftler kann sich – nach Kant – Ordnung, Einheit und Regelmäßigkeit nur noch als Produkt seiner eigenen Aktivität, des Verstandes vorstellen."[35]

Wir haben es also – wie bei Descartes – grundsätzlich mit einer Konstruktion zu tun, durch die sich das neuzeitliche Subjekt (s.o.) mit Hilfe seiner Verstandeskräfte ein Ding als Objekt unterwerfen kann. Das komplexe kognitiv-emotionale Geschehen, das sich zwischen Mensch und Ding im Anschauen und Wahrnehmen überhaupt ereignet (mit *Ding* sind hier sowohl natürlich vorhandene als auch von Menschen hervorgebrachte Dinge gemeint), kann durch eine solche Konstruktion nicht erfaßt werden. Sie schließt von vornherein andere Erkenntnismöglichkeiten aus, wie H. und G. Böhme unter anderem in folgender Passage nachweisen:

„Denn je genauer man hinsieht, desto mehr wird deutlich, daß er nicht Anschauung schlechthin meinte, sondern eine bestimmte Form: Anschauung, die den Anschauungsformen Raum und Zeit gemäß ist, d.h. sich nach dem bloßen Nebeneinander und Nacheinander ordnen läßt. Und daß er

[35] H. und G. Böhme, Das Andere der Vernunft, Frankfurt/M. 1985, S. 75

nicht Begrifflichkeit schlechthin meint, sondern die Kategorien: Quantität, quantifizierte Qualität (als intensive Größe gedachte Realität), Substanz/Akzidenz, Kausalität, Wechselwirkung. Anschauen, das nicht so anschaut, Denken, das nicht nach diesen Begriffen verfährt, ist also nicht Erkenntnis. Daß dadurch eine Fülle von Formen menschlichen Wissens herausfällt, wird bei Kant nicht deutlich, weil sie nicht genannt werden – nur die Wahrnehmung kommt gelegentlich noch vor. Im Gegenteil, da Kant nur von Erkenntnissen überhaupt spricht, entsteht der Schein, er könne beispielsweise lebensweltliche und wissenschaftliche Erkenntnis meinen. Aber faktisch trifft Kants rigide Analyse nur auf die wissenschaftliche Erkenntnis zu."[36]

Und als eigentliche Wissenschaften anerkannt werden von Kant nur die Physik und Mathematik. Dazu paßt, daß in seiner transzendentalen Ästhetik Beispiele für sinnliche Wahrnehmung an zwei Händen, Beispiele aus dem Bereich der Kunst an einer Hand sich abzählen lassen. Und dies hängt sicherlich auch mit Kants Anschauungsbegriff zusammen, wie bereits im oben wiedergegebenen Zitat angedeutet.

„Wenn wir diese unsre Anschauung auch zum höchsten Grade der Deutlichkeit bringen könnten, so würden wir dadurch der Beschaffenheit der Gegenstände an sich selbst nicht näher kommen. Denn wir würden auf allen Fall doch nur unsre Art der Anschauung, d.i. unsere Sinnlichkeit vollständig erkennen, und diese immer nur unter den dem Subjekt ursprünglich anhängenden Bedingungen, von Raum und Zeit; was die Gegenstände an sich selbst sein mögen, würde uns durch die aufgeklärteste Erkenntnis der Erscheinung derselben, die uns allein gegeben ist, doch niemals bekannt werden."[37]

Nach Kant sind wir also von den Dingen im Grunde abgeschnitten, wir können sie nicht erkennen, wir können nur die Antworten zur Kenntnis

----

[36] a.a.O., S. 289
[37] I. Kant, KdrV, Frankfurt/M. 1990, S. 87; Paragraph 8, B 60, A 43

26

nehmen, die wir von den Dingen bekommen, wenn wir sie in der Art eines Richters befragen:

„Die Vernunft muß mit ihren Prinzipien, nach denen allein übereinkommende Erscheinungen für Gesetze gelten können, in einer Hand, und mit dem Experiment, das sie nach jenen ausdachte, in der anderen, an die Natur gehen, zwar um von ihr belehrt zu werden, aber nicht in der Qualität eines Schülers, der sich alles vorsagen läßt, was der Lehrer will, sondern eines bestallten Richters, der die Zeugen nötigt, auf die Fragen zu antworten, die er ihnen vorlegt.“[38]

Dadurch nun werden (zumindest) die Naturdinge als Objekte dem Verstand unterworfen. Was von ihnen *ausgehen* mag, ist auf diese Weise nicht zu erfahren. Auf der einen Seite ist das mit Gesetzen und der Möglichkeit des Experimentierens ausgestattete Subjekt, auf der anderen das unterworfene Objekt, das nur noch zu dem sich äußern darf, wonach es gefragt wird.

„Dadurch kommt eine strikte Kontrolle der Wahrnehmung durch den Verstand zustande. In objektiver Erkenntnis steht es uns nicht frei zu fühlen, was wir wollen, und unseren Eindrücken zu folgen. Es ist ein großer Unterschied zwischen dem unmittelbar Gegebenen und dem für objektive Erkenntnis akzeptierten Mannigfaltigen des Gegebenen.

Das Resultat dieser Kontrolle der Sinnlichkeit ist, daß in gewisser Hinsicht der objektive Beobachter desensibilisiert wird, d. h. für sinnliche Eindrücke unempfänglich. Die Objektivität verlangt, daß das Erkenntnissubjekt seinem Objekt nicht ausgesetzt ist, *daß es durch das Objekt nicht affiziert wird* [Hervorh. M.D.].“[39]

Es sollte deutlich geworden sein, daß es sich bei Descartes und Kant um ein Erkenntnismodell handelt, das für die Physik und Mathematik und vielleicht für den gesamten naturwissenschaftlichen Bereich tauglich ist, das aber keinen Anspruch darauf erheben darf, eine plausible oder gar

....

[38] a.a.O., S. 23; Vorrede zur 2. Aufl., B XIV
[39] G. Böhme, Philosophieren mit Kant, Frankfurt/M. 1986, S. 209

praktikable Theorie der sinnlichen Wirklichkeitserfahrung oder (eingeschränkter) Kunsterfahrung zu liefern. Ich denke, Descartes wollte dies auch gar nicht. Was Kant angeht, so gibt es zwischen der 'Kritik der reinen Vernunft' (1781) und der 'Kritik der Urteilskraft' (1790) Differenzen, die möglicherweise auf ein modifiziertes Subjekt-Objekt-Verständnis schließen lassen – dies zu erhellen, kann im Rahmen dieser Arbeit jedoch nicht geleistet werden, zumal es mir ja im wesentlichen auf *grundsätzliche Positionen* zur Subjekt- Objekt-Problematik ankommt. Ich möchte daher im weiteren, wie oben angekündigt, darauf eingehen, auf welche Weise der Schweizer Philosoph Heinrich Barth mit diesem Problem umgegangen ist.

H. Barth läßt sich wie Baumgarten auf die Frage der sinnlichen Wirklichkeits- und Kunsterfahrung in ihrer ganzen Komplexität ein. Interessanterweise gibt es zwischen Baumgarten und Barth gedankliche Parallelen, obwohl Barth Baumgartens Schriften vermutlich nicht gekannt hat.

Zentraler Begriff ist bei Barth (wie gesehen bei Baumgarten) der der Erscheinung.

„Was meinen wir mit dem Worte „Erscheinung"? Zunächst macht es uns vielleicht eine unbestimmte Vielheit von „sinnlichen Eindrücken" gegenwärtig, von Eindrücken, die wir dann als „Welt der sinnlichen Erscheinungen" zusammenfassen. Indem wir diese „Welt" analysieren, gelangen wir vorderhand zu einer unübersehbaren Fülle von phänomenalen Elementen, zu einem zunächst chaotischen Gemengsel von optischen, akustischen, taktilen Teilphänomenen, aus denen sich die Erscheinungswelt aufzubauen scheint."[40]

Aber er schränkt dies, um Mißverständnissen vorzubeugen, sogleich ein: „Es ist nun eben nicht so, daß ein Aggregat von rationalisierten phänomenalen Elementen „die Erscheinung", also etwa die Erscheinung einer Landschaft ausmacht."[41]

---

[40] Heinrich Barth, Erkenntnis als Existenz, Basel / Stuttgart 1965, S. 109
[41] H. Barth, a.a.O., S. 110

Und kurz darauf auf derselben Seite:

„Die Einheit der Erscheinung ist niemals die Einheit einer Summe, so wenig ihre Mannigfaltigkeit in der Vielheit eines Aggregates erkannt werden kann."

Er fragt: „Was steht denn aber im Hinblick auf Einheit und Vielheit der Aggregation und der Summe von abstrakt deformierten phänomenalen Elementen gegenüber? Welche Einheit und welche Mannigfaltigkeit ist an Stelle von Summe und Aggregat als der Erscheinung angemessen in Betracht zu ziehen?"[42]

Und antwortet: „Es ist dies die *ästhetische Einheit* und die ästhetische Mannigfaltigkeit der Erscheinung."[43]

Damit werden das Ästhetische und die Erscheinung in eine enge Beziehung zueinander gesetzt. Das Ästhetische ist für das, was Barth unter Erscheinung versteht, konstitutiv.

Indem Barth von dem ausgeht, was uns durch unsere äußeren Sinne zukommen kann, und darüber hinaus etwas so Komplexes wie Erscheinung in die Diskussion bringt, schafft er die Grundlage dafür, sich gegen das vorherrschende, naturwissenschaftlich geprägte Wirklichkeitsverständnis abzugrenzen. Auf einleuchtende Weise geschieht dies unter anderem dort, wo er Erscheinung gegen das (meist synonym gebrauchte) Phänomen absetzt:

„Von „Phänomen" reden wir in den Zusammenhängen wissenschaftlicher Welterfahrung. „Phänomen" ist wissenschaftlich „festgestellter" Gegenstand. Das Phänomen wird „festgestellt" durch die Anwendung wissenschaftlicher Kategorien, Begriffe und Schemata. Seine Erkenntnis beruht auf Beobachtung, die von einer wissenschaftlichen Frage geleitet ist. Als Gegenstand solcher Frage hebt sich das Phänomen aus dem Konnex der Erscheinungen heraus. Was außerhalb des Phänomens liegt, darf von seinem Beobachter übersehen werden. Übersehen wird am Phä-

[42] a.a.O., S. 110
[43] Ebenda

nomen auch all das, was nicht in der Richtung des Beobachters liegt, indem es mit seinem wissenschaftlichen Anliegen nichts zu tun hat."[44]

Und kurz darauf auf derselben Seite:

„Das von der Wissenschaft in den Blick gerückte Phänomen ist insofern Sache einer Abstraktion; es beruht auf einer Schematisierung der Erscheinung, die weit davon entfernt ist, *sie in ihrem Erscheinen intakt zu lassen* [Hervorh. M.D.]."

Wovon die (natur)wissenschaftliche Weltsicht absieht, was sozusagen nicht in ihr Gebiet fällt, versucht Barth an verschiedenen Beispielen deutlich zu machen. Unter anderen an diesem:

„Der Lichtkegel, der jetzt eben aus einem Hause auf die belebte Verkehrsstraße fällt, er spielt keine Rolle. Der farbige Reflex, der bei einer bestimmten Belichtung an einer Metalleinfassung sichtbar wird, hat technisch keine Bedeutung. Die Nuance der Vokalisierung in der Stimme des Radioansagers ist im Verhältnis zu dem, was angesagt wird, etwas Nichtiges. Dies sind Beispiele für phänomenale Elemente, die für die alltägliche Erkenntnis des Wirklichen „nicht in Betracht fallen" – für eine Erkenntnis, die übrigens „fest auf dem Boden der Wirklichkeit" zu stehen meint."[45]

Die Dinge im Barth'schen Sinne wahrzunehmen, setzt voraus, daß uns die Möglichkeit (oder Fähigkeit) geblieben ist, offen zu empfangen, was von den Dingen 'ausgeht'. Es ist keine Frage, daß das naturwissenschaftliche Denken längst Einzug gehalten hat in alltägliche Wahrnehmungsweisen, die sich dadurch auszeichnen, daß die Phänomene auf ihren Informationsgehalt und auf ihre platte rationale Erklärbarkeit reduziert wer-

....

[44] H. Barth, Existenzphilosophie und neutestamentliche Hermeneutik, Basel 1967, S. 75 Hier ist zwar nicht explizit von naturwissenschaftlicher Erkenntnis die Rede; aus dem Kontext geht aber hervor, daß er diese meint bzw. die naturwissenschaftlich geprägten Geisteswissenschaften.

[45] H. Barth, Erkenntnis der Existenz, S. 113

den. Was Barth mit Erscheinung zu fassen sucht, ist dagegen „von aller rationalen Schematisierung und Abstraktion frei“.[46]

„Die wahrhaft grundlegende, ungebrochene Erfahrung des Weltseins dürfen wir darin erkennen, daß wir uns Erscheinung als solche, frei von intellektueller Vorwegnahme dessen, was erscheint, erscheinen lassen. Dies ist es, was wir unter der „Reinheit“ der Erscheinung, unter der „Reinheit“ der Anschauung verstehen.“[47]

Um nun noch einmal *explizit* auf das Subjekt-Objekt-Problem einzugehen, sei hier eine weitere Passagen von Barth zitiert. Gegen das Transitive des naturwissenschaftlichen Erkennens führt er das Intransitive oder Mediale ins Feld:

„Erkenntnis in ihrer Aktualisierung ist ein „*Offenbarwerden*“ oder ein „*Sich-Erschließen*“ von etwas. Gehen wir aus von der medialen Aussageweise, daß „*sich etwas zu erkennen gibt!*“ „Etwas“ ist das, was nach der geläufigen Vorstellungsweise der Seite des „Objektes“ entspricht. Es unterscheidet sich aber vom „Objekte“ dadurch, daß es auf keine Gegenstellung zu schließen einen Anlaß bietet.“[48]

Damit ist eine wesentliche Bestimmung gewonnen, die mir im Zusammenhang mit einem eigenen Versuch der Definition von Wahrnehmung (s.u.) wichtig ist. Allerdings scheinen mir bei Barth die aktiven, sozusagen zugreifenden Momente im Wahrnehmen zu wenig betont. Sicherlich hat auch das Empfangen eine aktive Seite, jedoch muß eine zielgerichtete produktive Aneignung nicht im Gegensatz stehen zu der Fähigkeit, das wahrzunehmen, was von den Dingen ausgeht:

Blicken und empfangen, hinhören und lauschen, schmecken und kosten, tasten und fühlen müssen keine Gegensätze sein. Sie könnten sich

....

[46] a.a.O., S. 308
[47] Ebenda
[48] a.a.O., S. 173

verbinden zu einer neuen Synthesis, ähnlich wie Baumgarten dies mit dem Begriff ästhetikologisch versucht hat. In dieser Synthesis wären die Gegensätze von 'Zugreifen' und Empfangen, von Kognitivem und Emotionalem, von Aktivem und Passivem aufgehoben. In ähnliche Richtung zielt die Entwicklung „ästhetischen Denkens" durch W. Welsch[49] und die Entwicklung „ästhetischer Vernunft" durch R. Schweizer:

„Die ästhetische Vernunft bekämpft die Gewaltsamkeit desjenigen technischen Denkens, das die sinnliche Erfahrung als Material für beliebige Zwecke des rechnenden und konstruierenden Verstandes missbraucht. [...] Vor allem fördert sie die Einsicht in die Empfindlichkeit und Verletzlichkeit des Lebendigen, dadurch, daß sie sich selber dem sinnlichleiblichen Umgang mit den Dingen aussetzt. Sie besinnt sich auf die Würde der Materie, entwickelt die ökologische Sensibilität und gebraucht die Sinne – gemäss der etymologischen Bedeutung des Wortes – als 'Wege' zu den Dingen und von den Dingen zu uns."[50]

1.2   Wahrnehmung – Versuch einer Neubestimmung

Wir haben oben gesehen, daß die altgriechischen Wörter für Wahrnehmung und wahrnehmen in ihrer Bedeutung janusköpfig sind: Sie beziehen sich ebenso auf den kognitiven wie auf den emotionalen Bereich.

Daß dies keine kuriose Eigenart der griechischen Sprache ist, wissen wir im Grunde aus eigener Erfahrung. Lassen wir uns nämlich auf Wahrnehmungsvorgänge wirklich ein – beispielsweise beim Betrachten einer Landschaft, beim Hören von Musik, beim Betasten und Fühlen einer Plastik oder Skulptur – , so ist dies nie ein rein kognitiver oder rein emotiona-

[49] Vergl. dazu: W. Welsch, Ästhetisches Denken, Stuttgart 1991, S. 9ff.,S.41ff.
[50] H.R. Schweizer in: In Erscheinung treten, G. Hauff, H.R. Schweizer, A. Wildermuth (Hrsg.), Basel 1990, S. 203

ler Vorgang. Rationale Überlegungen und Gefühle bilden eine Einheit, die nur begrifflich-analytisch zu brechen ist. Dazu R. Schmitt, näher auf eine Vorlesung Piagets[51] eingehend:

„Durch eine breite Palette von Beispielen unterstreicht Piaget, wie umfassend seine theoretische Grundaussage gemeint ist: Jedes Verhalten eines jeden Lebewesens – ohne Ausnahme – wird gleichzeitig von beiden Aspekten bestimmt. Analytisch lassen sich die beiden Aspekte in ihrer jeweiligen Eigenart unterscheiden, real sind sie untrennbar. *Es gibt kein rein kognitives Verhalten ohne affektive Tönung; es gibt keine rein affektive Tönung oder Gefühlslage ohne irgendwelche kognitiven Elemente* [Hervorh. M.D.].“[52]

Als eine *erste* Bestimmung von Wahrnehmung kann nun festgehalten werden:

Wahrnehmungen enthalten kognitive und emotionale Anteile, die zusammen eine Einheit bilden. Oder kürzer: Wahrnehmungen sind ihrem Wesen nach kognitiv-emotional.

Folgt man dieser Bestimmung, so verbietet sich die geläufige Trennung von Wahrnehmung und Empfindung[53], da Empfindung dem emotionalen Bereich zugeordnet werden kann und so dem Wahrnehmungsbegriff in meinem Sinn bereits implizit ist. Darüber hinaus umfaßt das Emotionale mehr als Empfindungen, nämlich Gefühle und auch Affekte[54], und drittens

....

[51] Jean Piaget, Les relations entre l'intelligence et l'affectivite dans le developpement de l'enfant. In: Bulletin de psychologie (1953), S. 143 – 150, 346 – 361; (1954), S. 522 – 535, 699 – 701. Ausführlich kommentiert in: R. Schmitt, Kinder und Ausländer, Einstellungsänderung durch Rollenspiel – eine empirische Untersuchung, Braunschweig 1979, S. 5 – 7

[52] R. Schmitt in: Ästhetische Erziehung in der Grundschule, K. Matthies, M. Polzin, R. Schmitt (Hrsg.), Frankfurt/M., 1987 (Arbeitskreis Grundschule), S. 2

[53] Die Trennung in dieser Form ist in der kunstpädagogischen Literatur so häufig, daß sich hier genauere Angaben erübrigen.

[54] Empfindungen und Gefühle unterscheiden sich meinem Verständnis nach vor allem nach der 'Tiefe' des psychischen Erlebens; wir *empfinden* Kälte (auch im übertragenen Sinne) und Unbehagen, aber wie *fühlen* Glück, Trauer, Verzweiflung.

ist der Begriff Empfindung unter anderem durch Descartes und Kant philosophiegeschichtlich vorbelastet, indem er häufig nichts anderes als den *physiologischen* Reflex einer Sinnestätigkeit bezeichnet.

Welcher Nutzen kann nun aus der Diskussion des Subjekt-Objekt-Problems für eine Präzisierung des Wahrnehmungsbegriffs gezogen werden? Es sollte deutlich geworden sein, daß ein strikter Dualismus von Subjekt und Objekt für die sinnliche Wirklichkeits- und Kunsterfahrung nicht tauglich ist, da die Fülle des einzelnen Dinges (um nicht von Gegen-stand oder Objekt zu sprechen) nicht erschlossen werden kann, wenn man es (das Ding) gleichsam mit einem streng rationalen Blick *unterwirft*. Weder bei rezeptiv-produktiven noch bei produktiv-rezeptiven Vorgängen (s.o.) läßt sich durch logisch rationale Kriterien *allein* viel gewinnen.

Wesentlich ist, daß durch einseitig rational bestimmte Behandlungsweisen die Dinge zum Schweigen gebracht werden: Es kann – wie wir sahen – nicht mehr empfangen werden, was von ihnen ausgeht. Mit dem, was H. Barth 'Erscheinung' nennt, hat er in radikaler Abgrenzung zu mathematisch-logischen Erkenntnismodellen ein Paradigma entwickelt, das uns die Untrennbarkeit von 'subjektiven' und 'objektiven' Anteilen in Wahrnehmungsvorgängen erkennen läßt.[55] Es handelt sich um ein Sich-Zuwenden und Empfangen, um ein Sich-Ausrichten und Sich-Öffnen, um ein Greifen (capere) und Ergriffenwerden, auch um ein Sprechen und Angesprochenwerden – es geht etwas von mir aus und etwas vom anderen.

Damit kann als *zweite* Bestimmung festgehalten werden:

Noch deutlicher wird dies am substantivischen Gebrauch: Man spricht von einem Gefühl der Angst oder Bedrohung, nicht aber von einer Empfindung der Angst. Affekte betreffen eher die Intensität als die Tiefe des psychischen Erlebens.

[55] Hier sei noch ein sehr poetischer und nicht sogleich zu erhellender Satz Barth's angeführt:
„Das Aufleuchten und Einleuchten eines Lichtes im Dunkel läßt sich nicht durch seine Zerlegung in ein „Sehen" und „Gesehenwerden" des Lichtes verständlich machen."
H. Barth, Erkenntnis der Existenz, a.a.O., S. 175

Wahrnehmungen zeichnen sich durch die Untrennbarkeit von 'subjektiven' und 'objektiven' Anteilen aus, oder:

Wahrnehmungen sind eine Synthesis aus dem, was von Subjekten und Objekten ausgeht.

Die erste Bestimmung aufnehmend: *Wahrnehmungen sind kognitiv-emotional und eine Synthesis aus dem, was von Subjekten und Objekten ausgeht.*

Damit wird auch die starre Entgegensetzung von Rezeption und Produktion obsolet, denn nach diesen Bestimmungen geht es immer um synthetische Leistungen, um Synthesis von Gefühl von Verstand, von Differenzierungs- und Aufnahmefähigkeit.

In einem weiteren Schritt soll nun der Etymologie der Wörter 'wahrnehmen' und 'Wahrnehmen' nachgegangen werden.

Das Verb wahrnehmen geht zurück auf das Verb *wahren,* dessen Wurzeln sich mit den Wörtern *beachten, behüten, bewahren* und *Aufmerksamkeit* zusammenfassen lassen.[56]

Die Momente des Beachtens und Bewahrens kommen mir für die weitere (noch genauere) Bestimmung des Wahrnehmungsbegriffs sehr entgegen. Wahrnehmung ist danach bewußt und prägend:

Was wahrgenommen wird, kommt einem zu Bewußtsein und bleibt im Gedächtnis haften.

Folgt man dem, so ist nur ein kleiner Teil unserer Sinnestätigkeit 'Wahrnehmung', denn vieles (vielleicht sogar das meiste) wird uns nicht bewußt, zumindest nicht so, daß es später über das Gedächtnis verfügbar wäre:

Ich weiß abends nicht mehr, wieviele Türen ich geöffnet und geschlossen, wieviele Blicke ich gewechselt, wieviele Verkehrsregeln ich befolgt,

---

[56] 'Wahren' geht zurück auf war-o-, das *bewahren, beachten* und *behüten* bedeutet. Abgeleitet ist dieses Verbum von (germ.) waro für Aufmerksamkeit.
Vergl.: F. Kluge, Etymologisches Wörterbuch, Berlin, New York 1989, S. 773

welche Handgriffe im Haushalt ich ausgeführt habe. Zweifellos wird vieles von dem, was durch die Sinne 'in uns' kommt, nicht wirklich beachtet und auch nicht so bewahrt, daß wir einen Gebrauch davon machen könnten.

Aber wie soll dann das genannt werden, was nicht beanspruchen kann, in meinem Sinne Wahrnehmung zu sein? Ich schlage vor: Aufnehmen. Ich möchte also zwischen wahr-nehmen und auf-nehmen unterscheiden.

Diese Bestimmung des Wahrnehmungsbegriffs hat den Vorteil, daß die häufig praktizierte, aber unklare Trennung zwischen *bewußter* und *unbewußter* Wahrnehmung hinfällig wird. Unbewußte Wahrnehmung ist dann eine Contradictio in adjecto.

Die Bestimmung bietet jedoch noch einen weiteren Vorteil: Wir können Wahrnehmung als etwas definieren, das sozusagen aus dem Rahmen fällt, als etwas, das besondere Bedingungen braucht, um es allgemein zu sagen. Man kann sich gar nicht klar genug machen, daß unsere Sinne im Alltag in der Regel problemlos funktionieren: Sie leiten uns über Verkehrskreuzungen, Treppen, Stolpersteine, sie lassen uns problemlos die notwendigen Handgriffe beim Einkaufen und Essen tun, sie 'sagen' uns ohne großes Nachdenken, was wir anzuziehen haben, sie ermöglichen es uns (um ein Beispiel aus dem Tastbereich zu nehmen), unsere Kinder zu liebkosen, statt ihnen unbeabsichtigt die Wange zu zerkratzen oder den kleinen Finger ins Auge zu stoßen usf. Sie funktionieren in aller Regel so problemlos, daß jemand mit gewissem Recht fragen könnte: Warum beschäftigst du dich mit etwas, was ohnehin funktioniert?

Bevor ich auf diese Frage eingehe, möchte ich den Wahrnehmungsbegriff nun nach dem *dritten* Schritt folgendermaßen definieren:

Wahrnehmungen sind kognitiv-emotional, bilden eine Synthesis aus dem, was von Subjekten und Objekten ausgeht, und zeichnen sich durch Bewußtheit aus, die sich dem Gedächtnis einprägt.

Zur aufgeworfenen Frage: Es trifft zu, daß unsere Sinne im Alltag sozusagen unaufgefordert dafür sorgen, daß wir uns orientieren und bewegen können, ohne körperlichen Schaden zu nehmen. Dies ist jedoch nur ein Teil dessen, was wir durch unsere Sinne erleben und erfahren können. Der 'Reichtum der Welt', die dingliche Fülle in allen Sinnesbereichen, wird uns durch normal funktionierende, automatisch ihre 'Arbeit' verrichtende Sinne *nicht* erschlossen. Er wird uns erst zuteil durch eine wie auch immer geartete Arbeit an und mit den Sinnen. Allen Vorhaben in dieser Richtung liegt zu Recht die Annahme zu Grunde, daß es möglich ist, unsere Sinne zu formen, zu 'schulen', zu sensibilisieren, zu verfeinern: daß wir *lernen* können, zu blicken und zu schauen, zu hören und zu lauschen, zu schmecken und zu kosten, zu schnuppern und zu riechen, zu tasten und zu fühlen.

Es stellt sich die Frage, mit welchen Mitteln dies geschehen soll und zu welchem Zweck. Nicht zuletzt wegen der Allgemeinheit dieser Frage möchte ich versuchen, sie auf den Tastsinn und „Das Material-Buch" zu beziehen.

Zweck oder Sinn solcher Anstrengungen ist es, den Tastsinn so auszubilden, daß er am Reichtum der tastbaren Welt partizipieren kann: gemeint sind Natur-, Gebrauchs- und Kunstdinge, Tiere, Pflanzen und andere Menschen. Wesentlich ist, daß es sich bei allen Tastungen grundsätzlich um *Austauschprozesse* handelt: Ich mache etwas mit dem Material, das Material macht etwas mit mir, was sich mit *anderen* Worten auch auf Pflanzen, Tiere und andere Menschen beziehen ließe. Wir können uns dabei begreifen als einen Teil der Welt, mit der wir in engem Austausch stehen. Es geht um das Wahrnehmen von Atmosphären[57] ebenso wie um das Nachdenken darüber, welche Zusammenhänge es zwischen Metallen, Steinen, pflanzlichen, tierischen und synthetischen Stoffen es gibt und welche Rolle wir in diesen komplexen Zusammenhängen 'spielen'. Alle diese Aktivitäten müssen in eine sinnvolle und nachvollziehbare Balance zwischen emotionalen und kognitiven Anteilen münden: Eine einseitige Kontrolle

....

[57] Atmosphären werden durch Materialien entscheidend mitgeprägt: ein Raum, ausgekleidet mit Blei, ein anderer, ausgekleidet mit Wolle oder Granit. S. dazu G. Böhme, Für eine ökologische Naturästhetik, Frankfurt/M. 1989, S. 11 ff. und 148 ff.

des Verstandes muß dabei ebenso vermieden werden wie eine Dominanz von ausschließlich emotional bestimmten Assoziationen.

Was die Mittel angeht, mit denen eine möglichst große Differenziertheit des Tastsinns erreicht werden könnte, so kann ich *hier* ebenfalls nur eine allgemeine Richtung angeben. Plausibel ist vermutlich, daß an Lern- und Erfahrungsorten möglichst viel vom tastbaren 'Reichtum der Welt' präsent sein sollte, um das 'Lernen mit allen Sinnen' von dieser Seite aus soweit wie möglich zu fördern. Ferner gehört dazu, daß man sich aktuelle wie vergangene Tasteindrücke bewußt macht – dies ist beispielsweise bei den Temperaturempfindungen eine Notwendigkeit, um sich über den Austauschprozeß, von dem oben die Rede war, Klarheit zu verschaffen. Im übrigen sehe ich nicht, daß gegen praktische Tast'übungen' etwas einzuwenden ist, wenn der Freiraum dabei nicht zu sehr eingeschränkt wird.[58]

Abschließend sei darauf hingewiesen, daß sich der Tastsinn über den gesamten Körper erstreckt und daß enge Verbindungen zwischen Tast- und Geschmackssinn bestehen[59]:

Ein weites Feld läßt sich hier mit der berechtigten Hoffnung auf vielfältigen Ertrag bearbeiten.

---

[58] Siehe dazu die interessanten Übungen von G. Selle: Ästhetische Grunderfahrungen in der Übung „Tasten, Fühlen, Begreifen, Formen"; BDK-Mitteilungen (Braunschweig), Heft 4/83

[59] Dies wird im folgenden Kapitel 'Zur Bedeutung des Tastsinns' näher ausgeführt.

2 Zur Bedeutung des Tastsinns

Ich werde mich im folgenden eingehender mit dem Tastsinn auseinandersetzen. Erstens spielt er beim „Material-Buch" eine wesentliche Rolle, und zweitens wird er von allen Sinnen zumindest in unserem Kulturkreis – wie bereits hervorschien – noch immer am stärksten vernachlässigt.

Daß dies nicht immer so war, erhellt ein Rückblick in die Antike. Bei Aristoteles, auf den die Einteilung der Sinne in fünf (Bereiche) vermutlich zurückgeht, heißt es über den Tastsinn:

„In den übrigen Sinnen wird er (der Mensch, M.D.) von vielen Tieren übertroffen, aber der Tastsinn arbeitet bei ihm viel genauer als bei den andern. Daher ist er das vernünftigste unter allen Geschöpfen. Ein Beweis dafür ist auch, daß man unter Menschen nach diesem Sinn als gut oder schlecht begabt beurteilt wird, nach den andern dagegen nicht."[60]

Der Mensch ist also deswegen das klügste Wesen, weil bei ihm der Tastsinn besonders differenziert ist. Tastorgane sind für Aristoteles in erster Linie die Hände und die Zunge, wobei die Zunge zugleich Tast- und Geschmacksorgan ist.

Nachdem Aristoteles festgestellt hat, daß beim Sehen, Hören und Riechen ein Zwischenstoff/Medium (Licht, Luft, Wasser) zwischengeschaltet ist, stellt er sich die Frage, ob dies folgerichtig nicht auch beim Tastsinn der Fall sein müsse.

„Und liegt nun das Sinneswerkzeug innen oder nicht, ist vielmehr unmittelbar das Fleisch dieses Werkzeug?"[61]

Nach einigem Hin und Her entscheidet er sich, Fleisch (und Zunge) als Medium zu betrachten und das eigentliche Empfindungsorgan in den Körper zu verlegen. Doch handelt es sich um eine Art Kompromiß:

---

[60] Aristoteles: Über die Seele, Paderborn 1961, hrsg. von P. Gohlke, S. 83f. (421 a)
[61] a. a. O., S. 89 (422b / 423a)

„Aber wir nehmen in allen Fällen durch einen Mittelstoff wahr, nur daß man es in diesem Falle nicht bemerkt."[62] Und kurz darauf:

„Der einzige Unterschied zwischen Tastbarem und Sichtbarem oder Hörbarem ist der, daß wir beim letztgenannten dadurch wahrnehmen, daß jener Zwischenstoff uns etwas antut, während wir beim Tastsinn nicht durch den Zwischenstoff, sondern zugleich mit ihm erregt werden, wie einer, der durch seinen Schild hindurch getroffen wird. Im ganzen also scheinen Fleisch und Zunge für das Sinneswerkzeug des Tastsinnes dieselbe Bedeutung zu haben wie Luft und Wasser für Gesicht, Gehör und Geruch."[63]

Durch diese Annahme verbaut sich Aristoteles den Weg, über mögliche Qualitäten der *unmittelbaren* Berührung beim Tasten und Schmecken nachzudenken, was historisch folgenreich sein mag, da die Unmittelbarkeit, wie im ersten Teil bereits angedeutet, eine *Distanzierung* von den Dingen, (welche durch die Augen besonders gut gelingt), unmöglich macht.

Auch eine allgemeine Beschreibung der Sinneswahrnehmung durch Aristoteles spricht dafür, daß er sich durch seine allgemeine 'Zwischenstoff-annahme' einen möglichen Erkenntnisweg selbst versperrt:

„Ganz allgemein ist von den Sinnen zu sagen, daß die Wahrnehmung ein Aufnehmen der wahrnehmbaren Gestalten ohne den Stoff bedeutet, so wie das Wachs das Zeichen des Siegelrings aufnimmt ohne das Eisen oder Gold; es empfängt wohl den Druck des goldenen oder ehernen Zeichens, aber nicht in seiner Eigenschaft als Gold oder Erz."[64]

Unbestreitbar ist dies eine originelle und zutreffende Feststellung, die auf einige Sinnesbereiche sicherlich zutrifft: Wir können nur die Form / Gestalt der Dinge empfangen, nicht jedoch ihr Material und ihre Materialeigenschaften. Für den Tast- und auch Geschmackssinn aber trifft dies ge-

---

[62] a. a. O., S. 91 (423b)

[63] Ebenda

[64] a. a. O., S. 93 (424a)

nau nicht zu, da wir, wie gesagt, mit ihrer Hilfe in einen unmittelbaren, also nicht durch ein Medium hergestellten Kontakt zu den Stoffen kommen.

2.1   Berühren und Berührtwerden

Anders als beim Sehen, Hören und Riechen sind wir also mit den Dingen beim Tasten direkt verbunden – und zwar in aktiver wie auch in passiver Hinsicht.

Was mit aktiv und passiv hier gemeint ist, mögen folgende Beispiele anschaulich machen: Ich prüfe mit dem Daumen, wie scharf die Klinge eines Messers ist (aktiv), ich schneide mich beim Abwaschen an einer Glasscherbe (passiv). In beiden Fällen kommt es zu einem intensiven Kontakt zwischen mir und dem Gegenstand, aber im ersten Fall ist er bewußt kontrolliert, im zweiten Fall erleide ich etwas. Im ersten Fall möchte ich etwas erkennen, im zweiten geschieht mir etwas. Was in anderen Sinnesbereichen nicht so ohne weiteres klar ist, ist hier evident: Beim Tastsinn gibt es immer einen Anteil des bewußten Erkennens und einen des Empfangens (oder Erleidens), wobei das Verhältnis der beiden Anteile oszillierend ist. Wir berühren also nicht nur, sondern werden auch berührt.

Das Beispiel vom Betasten und Geschnittenwerden ist überdeutlich, was die beiden Pole der Tastwahrnehmungen betrifft, vernachlässigt aber die genaue Beschreibung des ersten Falls. Was geschieht genau, frage ich also, wenn ich die Klinge eines Messers auf seine Schärfe hin überprüfe? Ich schabe meine Haut am scharfen Stahl, und etwas in mir sagt: Er ist scharf genug oder: Du mußt ihn schleifen. Aber wie komme ich darauf? Lassen sich im Moment des Hautkontaktes erkennende Epidermis und zu erkennnender Stahl voneinander scheiden?

Wenn überhaupt, dann nur theoretisch, so daß man in allen Fällen des Berührens immer auch von einem Berührtwerden sprechen kann. Wenn wir ein Stück Holz berühren, berührt uns gleichzeitig das Holz, das Blatt einer Pflanze berührt unsere Hand, die darübergleitet. Der Fall vom Glassplitter im Finger unterscheidet sich von den alltäglichen Tasterfahrungen also nur graduell.

2.2 Tastende Hand

Hören wir das Wort Tastsinn, so denken wir zu allererst an unsere Hände, und zwar im aktiven Sinn (Berühren) und nicht im passiven Sinn (Berührtwerden). Daß dies kein kollektiver Irrtum sein kann, erhellt unter anderem aus der Tatsache, daß, wie man inzwischen weiß, die Anzahl der Rezeptoren für Kälte, Wärme, Druck und Schmerz in den Händen, vor allem in den Fingerkuppen, besonders groß ist. Aber die Wertschätzung der Hand ist wesentlich älter und hat mit der Entdeckung der Kälte-, Wärme-, Druck- und Schmerzpunkte durch Blix im Jahre 1883[65] wenig zu tun.

Schon Aristoteles stimmt ein hochinteressantes Hohelied auf die Hand an:

„Da er (der Mensch, M.D.) nun aber aufrecht geht, braucht er vorn keinerlei Schenkel, und so hat ihm die Natur dafür Arme und Hände gegeben. Anaxagoras meint, der Mensch sei deswegen das vernünftigste Geschöpf geworden, weil er Hände habe. Sinnvoller jedoch ist es, daß er Hände bekommen habe, weil er das vernünftigste Geschöpf ist. Denn die Hände sind ein Werkzeug, die Natur teilt aber, wie ein verständiger Mensch, jedes Werkzeug nur dem zu, der damit umgehen kann. Es ist ja auch passender, einem Flötenspieler Flöten zu geben, als einen nur deswegen als Flötenspieler zu bezeichnen, weil er Flöten besitzt. Sie fügt dem Größeren und Bedeutsameren das Geringere an, aber nicht dem Geringeren das Ehrwür-

---

[65] Vergl. D. Katz, Der Aufbau der Tastwelt, Leipzig 1925, S. 7

digere und Größere. Wenn es nun so besser ist, die Natur aber immer von allen Möglichkeiten die beste verwirklicht, dann ist der Mensch nicht deshalb so vernünftig, weil er Hände hat, sondern er hat Hände, weil er das vernünftigste Geschöpf ist. Denn der Vernünftigste kann auch wohl mit den meisten Werkzeugen gut umgehen, und die Hand bedeutet nicht nur ein Werkzeug, sondern viele, sie ist gleichsam das Werkzeug aller Werkzeuge."[66]

„Dem Menschen dagegen sind viele Hilfsmittel gegeben, und er kann diese noch verändern, er kann sich die Waffe aussuchen, wie er sie will und wo, da die Hand ihm zur Kralle, zur Schere, zum Horn wird und zum Speer, zum Schwerte und jeder andern Waffe und jedem Werkzeug. Dies alles ist ja die Hand, weil sie alles ergreifen und halten kann.

Dementsprechend ist von der Natur auch die Gestalt der Hand erdacht worden, unterteilt und vielgliedrig. In der Gliederung ist ja auch das Zusammenwirken einbegriffen, nicht aber umgekehrt in diesem jenes. Man kann also die Hand wie eines und zwei und vieles benutzen, die Gelenke der Finger sind geschickt für Greifen und Drücken."[67]

Fassen wir Aristoteles' Überlegungen kurz zusammen:

1. Durch seinen aufrechten Gang braucht der Mensch nur zwei Beine; anstelle eines weiteren Beinpaares verfügt er über Arme mit Händen.

2. Er hat Hände, weil er das vernünftigste Wesen ist, nicht umgekehrt. (Er ist das vernünftigste Wesen, weil er Hände hat).

3. Die menschliche Hand ist das Werkzeug aller Werkzeuge; sie kann alles ergreifen, halten, drücken.

Da der erste und dritte Punkt als weitgehend bekannt vorausgesetzt werden können, wende ich mich gleich dem zweiten Punkt zu. Auf den ersten Blick scheint es sich um eine Henne – Ei – Diskussion zu handeln. Dies ändert sich, wenn man Aristoteles' Ansatz in folgender Weise versteht:

---

[66] Aristoteles, Über die Glieder der Geschöpfe, (hrsg. v. Paul Gohlke), Paderborn 1959, S. 166f. (IV, 10)
[67] a.a.O., S. 167f.

Da der Mensch außergewöhnlich verstandesbegabt ist, haben sich bei ihm Hände entwickelt. Während bei Anaxagoras die Hände als Tatsache angesehen zu werden scheinen, liegt der aristotelischen Sichtweise ein Prozeßgedanke zu Grunde, der einen Zusammenhang zwischen Intelligenz- und Handentwicklung herstellt. Interessanterweise wird genau dies von neueren Ergebnissen der Embryologie bestätigt. So schreibt der Embryologe E. Blechschmidt:

„Mit den Bewegungen des Arms während seines Wachstums werden die Nervenfasern im Innern des jungen Embryos erregt. Sie registrieren auch den Pulsschlag des Herzens, wenn die Händchen, auf dem Herzen ruhend, mit jedem Pulsschlag gehoben und gesenkt werden. Die Beanspruchung der Nervenfasern beim Wachstum des Arms führt nachgewiesenermaßen dazu, daß sich im Rückenmark und weiter im Gehirn Zentren und damit Verschaltungen für die Sensibilität und Motorik im Armbereich bilden. So sind Wachstumsvorgänge der Extremitäten und Hirnentwicklung aufs engste korreliert, wie uns ja auch später die Korrelation aller Bewegungen und Fuktionen immer wieder zu ehrfürchtigem Akzeptieren dieser wunderbaren Entwicklung nötigt."[68]

Und an anderer Stelle:

„Die Ganzheit menschlicher Individualität ist bei der Extremitätenentwicklung besonders deutlich. Diese ist bereits der Anfang menschlichen Greifens und, wenn man die nachweisliche Beteiligung des Nervensystems berücksichtigt, hinsichtlich der Leib-Seele-Einheit des Menschen der Ansatz zum *Be-greifen*. Wir finden auch hier wieder, daß die anatomisch feststellbare Differenzierung auf ein individuelles menschliches Verhalten, das wir als geistige Tätigkeit bezeichnen dürfen, hingeordnet ist."[69]

Man kann demnach davon ausgehen, daß die Entwicklung des Gehirns und der Hand aufs engste miteinander verknüpft ist. Und so sah es vor

---

[68] zit. nach R.z. Lippe: Sinnenbewußtsein, Reinbek bei Hamburg 1987, S. 212
[69] a.a.O., S. 218

44

Blechschmidt bereits D. Katz, dem wir ein noch immer aktuelles Grundlagenwerk über den Tastsinn verdanken:

„Hat sich das menschliche Gehirn bei seinem Aufstieg in der Hand das Organ geschaffen, das seiner schöpferischen Erfindungsgabe Genüge leisten konnte oder hat die erstaunlich feine sensorisch-motorische Gliederung der Hand ihrerseits das Gehirn zu neuen Leistungen angespornt? Sicher ist von einem gewissen Stadium der Entwicklung an das Verhältnis als das der innigsten Wechselwirkung zu denken."[70]

2.3   Tastsinn und Hautsinn

An einem Tag im Spätherbst: Die Kinder rennen in Badehosen umher, lassen sich durchs Gras rollen, laufen zum Sandstrand, spielen Ball.

Währenddessen sitzen die Erwachsenen (auch ich) an einem Tisch und trinken Tee. Was an ihnen ist *nicht* von Stoff bedeckt? Der Kopf, die Hände, vielleicht die Füße.

Die Kinder mit ihrer unbedeckten Haut werden die Luft, die Sonnenstrahlen, alles, was sie umgibt, deutlicher empfinden als die Erwachsenen mit ihren eingepackten Körpern. Denn wir fühlen mit der gesamten Haut, nicht nur mit Fingern, Zehen, Zunge.[71]

Diese Tatsache ist zwar seit längerem bekannt, ihre wirkliche Bedeutung wurde jedoch erst in den letzten Jahrzehnten erkannt. Vor allem die Erforschung der Haut als Faktor der pränatalen und frühkindlichen Ent-

....

[70] D. Katz: Der Aufbau der Tastwelt, Leipzig 1925, S. 5

[71] Es mag irritieren, daß jetzt plötzlich von „fühlen" die Rede ist; aber der Tastsinn hat (sozusagen) zwei Pole: der eine führt zu Aussagen über die Hautempfindung, der andere zu Aussagen über das Getastete. Man könnte auch von passivem und aktivem Tasten sprechen, wobei der passive Pol sprachlich im allgemeinen mit dem Wort „fühlen" wiedergegeben wird.

wicklung hat eine Reihe hochinteressanter und wichtiger Ergebnisse gebracht, die im folgenden teilweise wiedergegeben werden sollen.

„Schon beim Embryo entwickelt sich der Tastsinn als erster; lange bevor sich Ohren und Augen bilden, reagiert der noch nicht drei Zentimeter große Embryo aktiv auf die Stimulationen der Haut. Das Hauptorgan, das den Embryo während der neun Monate im Mutterleib umgibt und mit dessen Hilfe er mit seiner Umwelt verbunden ist, ist die Haut."[72]

Auch nach der Geburt bleibt die Haut zunächst das wichtigste Wahrnehmungsorgan. Nur ist das Wahrgenommene nun nicht mehr naturgegeben (Fruchtwasser), sondern sozial beeinflußt. Denn wie sich die Mutter dem Neugeborenen gegenüber verhält, das den schockartigen Wechsel zwischen Wasser und Luft zu verarbeiten hat, und wie die dafür zuständigen Institutionen mit den Neugeborenen umgehen, hängt nicht allein von natürlichen Faktoren ab.

„In der westlichen Welt verlassen wir uns heute eher auf Technologien als auf die Natur, so daß wir es für gut halten, das Kind gleich nach der Geburt von der Mutter zu trennen. In der Regel wird das Neugeborene sofort auf die Säuglings-„Pflege"-Station gebracht und dort in ein als Kinderbett bezeichnetes, gefängnisähnliches Gittergestell gelegt."[73]

Inzwischen kann es nach zahlreichen Untersuchungen als erwiesen gelten, daß diese abrupte Trennung zwischen Mutter und Neugeborenem – und die Vernachlässigung des Hautkontakts überhaupt – negative Folgen für die psychische, emotionale und geistige Entwicklung von Kindern hat. Denn die „Entwicklung dessen, was der Säugling über seine Augen und Ohren lernt, hängt in hohem Maße von den Erfahrungen ab, die er vorher mit Hilfe des Tastsinns gemacht hat. Für das Ungeborene war die Haut das wichtigste Kommunikationsmittel, und es bleibt auch für den Säugling das

....

[72] A. Montagu: Die Haut; in: Das Schwinden der Sinne, hrsg. v. D. Kamper u. Chr. Wulf, Frankfurt/M. 1984, S. 211
[73] a.a.O. S. 216

Organ, das den grundlegenden kommunikativen Kontakt mit der Umwelt sichert."[74]

Und weiter unten: „Die taktile Stimulation, die das Kind durch die Brust der Mutter erhält, geht einher mit optischen und akustischen Reizen, liebevollen Lauten, dem Lächeln und dem liebevollen Blick. Aufgrund der Erfahrungen, die das Kind mit den Lippen und den Händen am Gesicht und an der Brust der Mutter macht, mißt es diesen Teilen auch an dem Körper anderer Menschen besondere Bedeutung zu."[75]

Im Rahmen dieser Arbeit ist es nicht möglich, die Bedeutung der Haut für die frühkindliche Entwicklung ausführlicher zu behandeln. Ich wollte vor allem zeigen, daß eine Reduktion des Tastsinns auf die Hand falsch wäre: Es wäre so, als würde man einen Teil der Epidermis künstlich heraustrennen. Und dennoch: Die Hand ist durch ihre ungeheure Beweglichkeit und die Vielzahl von Rezeptoren (siehe oben) für den Tastsinn von herausragender Bedeutung.

Im folgenden soll daher auf die wahrnehmende Hand und das durch sie Wahrnehmbare näher eingegangen werden. Dabei halte ich mich im wesentlichen an das bereits oben genannte Buch von David Katz.

2.4 Oberflächentastungen

Katz ging theoretisch und experimentell unter anderem der Frage nach, welche Unterschiede in der Oberflächenbeschaffenheit die tastende Hand wahrzunehmen in der Lage ist. Er verwendete dafür 14 Papiere, die nach Glätte, Härte und Körnigkeit differierten:

....

[74] a.a.O. S. 212
[75] a.a.O., S. 213

„1. Sehr gut gewachstes, sehr glattes Papier. 2. Gut gewachstes glattes Papier. 3. Schwach gewachstes, ein wenig körnig wirkendes Papier. 4. Sehr feinkörniges Schreibpapier. 5. Feinkörniges Schreibpapier. 6. Glattes Papier mit deutlichem Korn. 7. Weiches Papier von geringer Rauhigkeit. 8. Härteres nicht sehr rauhes Zeichenpapier. 9. Weiches Löschpapier. 10. Mittelhartes Löschpapier. 11. Hartes gekörntes Löschpapier. 12. Hartes rauhes Packpapier. 13. Sehr hartes, sehr rauhes Packpapier. 14. Weiches, äußerst rauhes Tuchpapier."[76]

Den Versuchspersonen „wurden jedesmal zwei Papiere zum Vergleich vorgelegt und zwar in der Regel in den Kombinationen 1 und 2, 2 und 3, 3 und 4 ... Es kamen also 13 Kombinationen zur Beurteilung. Konnten zwei in der Skala unmittelbar aufeinanderfolgende Papiere von der Vp. nicht unterschieden werden, so wurden Paare von Papieren vorgelegt, die um ein, zwei, drei ... dazwischenliegende differierten."[77]

Den drei Versuchspersonen wurden wegen der entstehenden Geräusche die Ohren mit Watte verstopft; außerdem wurden sie dazu angehalten, die Augen während des Tastens geschlossen zu halten. Es war freigestellt, mit welchen Fingern getastet wurde.

Ergebnis: Zwei erkannten alle Unterschiede richtig, die dritte hatte an einer Stelle der Skala Probleme.

In einem weiteren Versuch wurden die Tastflächen von 10×15 cm Seitenlänge auf Scheibchen von 4 und von 2 mm Durchmesser verkleinert, und es durfte nur noch mit einem Finger getastet werden. Es gab zwar nicht mehr so viele richtige Urteile wie im Grundversuch, doch „mit größter Überraschung"[78] mußte Katz feststellen: „Selbst eine sehr weitgehende Verkleinerung der Tastflächen beeinträchtigt ihre Unterscheidbarkeit in nur geringem Grade."[79]

---

[76] Katz, a.a.O., S. 76
[77] a.a.O., S. 77
[78] a.a.O., S. 80
[79] a.a.O., S. 81

Wohlgemerkt ging es auch bei den verkleinerten Tastflächen um Unterscheidbarkeit und nicht um qualitative Beurteilungen. Ob es sich bei den Scheibchen von 2mm Durchmesser um Papier oder ein ähnliches Material handelte, konnte nämlich von den Versuchspersonen nicht mehr entschieden werden, wohl aber, ob es rauh, weich usw. war. (Katz spricht in diesem Fall von einer „Reduktion ersten Grades"[80]; wenn auch Qualitäten wie Rauhigkeit und Weichheit nicht mehr erkannt werden können, von einer „Reduktion zweiten Grades"[81]).

In einem weiteren Schritt wurde die tastende Hand auf verschiedene Weisen in ihren Möglichkeiten eingeschränkt. Wie beim zuletzt referierten Versuch durfte wieder nur mit einem Finger getastet werden. Wichtiger aber war die Einschränkung, „daß der Finger von oben kommend die Tastfläche berührt, seitliche Bewegungen in der Tastfläche aber peinlich vermieden werden"[82]. Verwendung fanden wiederum die 10 × 15 cm großen Papiere des Grundversuchs. Interessanterweise konnte von den Versuchspersonen nun nicht mehr angegeben werden, um was für ein Material es sich handelte, vor allem aber konnte die Oberflächenbeschaffenheit der Papiere nicht mehr erkannt werden. Hatte es bei dem Grundversuch, bei dem es freigestellt war, welche Finger wie tasteten, so ausgesehen, als ob die Qualitäten auf der Skala rauh – glatt und hart – weich sich stets wie selbstverständlich wahrnehmen ließen, so stellte sich bei diesem Versuch heraus, daß der einsam und in seiner Bewegungsfreiheit eingeschränkte Finger nur noch feststellen konnte, wie weich oder hart das Getastete war. Offenbar wurde, daß sich Qualitäten wie Rauhigkeit und Glätte nur „bei seitlichen Tastbewegungen in der Oberfläche entfalten"[83].

---

[80] a.a.O., S. 83
[81] Ebenda
[82] a.a.O., S. 85
[83] Ebenda

Bevor auf den Aspekt der Bewegung bei Handtastungen genauer eingegangen wird, sollen weitere Versuche wiedergegeben werden, bei denen die Hand in ihren Möglichkeiten eingeschränkt wurde.

Um Klarheit über die Tastleistungen der Fingerballen zu bekommen, wurden sie mit „verhüllenden Zwischenmedien"[84] bedeckt: im ersten Fall mit einer dünnen Kollodiumschicht[85], im zweiten mit Leukoplast. Zu Katz' Überraschung zeigte sich, daß die Tastleistungen, was die Unterscheidbarkeit der verwendeten Papiere anging, dadurch fast nicht beeinträchtigt wurden[86], selbst durch dünne und sehr dicke Gummifinger nur wenig[87]. Als er die Fingerballen jedoch mit einem leimartigen Klebstoff[88] bedeckte, stellte er erstaunt fest, daß sich weder Unterschiede zwischen den verwendeten Papieren noch die Materialien selbst erkennen ließen (Reduktion zweiten Grades, s.o.).

Wie läßt sich dieses Phänomen vor dem Hintergrund der anderen Versuche erklären, in denen sich ja herausgestellt hatte, daß die Tastleistungen durch 'Verhüllungen' kaum herabgesetzt wurden?

„Die Lösung ist nicht schwer zu finden, ist aber von beträchtlicher Tragweite. Bei dem Tasten mit Syndetikon entstehen keine Geräusche, man kann selbst dann keine vernehmen, wenn man das Ohr so dicht wie möglich an die Tastflächen bringt. Der Klebstoff wirkt also als Schmiermittel, welches es beim Reiben nicht zu Schwingungen kommen läßt, und infolgedessen können auch die Sinnesorgane unter der Epidermis nicht durch Vibration erregt werden. Man kann sich kaum einen schlagenderen Beweis

....

[84] a.a.O., S. 87

[85] Kollodium ist eine zähflüssige Lösung von Nitrozellulose in Alkohol und Äther, die zum Beispiel zum Verschließen von Wunden verwendet wird.

[86] a.a.O., S. 98ff.

[87] a.a.O., S. 101ff.

[88] a.a.O., S. 113; es handelte sich um sogenanntes Syndetikon, das es meines Wissens heute nicht mehr gibt.

dafür denken, daß für die Beurteilung von Rauhigkeiten die beim Tasten entstehenden Vibrationen maßgebend sind."[89]

Was hier behauptet wird, führt Katz weiter unten differenziert aus: Die These, daß dem Drucksinn (und den anderen: Wärme-, Kälte-, Schmerz- und Raumsinn) ein Vibrationssinn als weiterer Hautsinn hinzuzugesellen sei.

„Die Berechtigung, von einem Vibrationssinn zu sprechen, leite ich ab aus der phänomenologischen und funktionellen Sonderstellung der Vibrationsempfindungen gegenüber den Druckempfindungen, mit denen allein sie zusammengeworfen werden könnten."[90]

Eine, wie ich finde, plausible Erläuterung dieser Annahme findet sich einige Seiten weiter unten:

„Wenn man, während die Finger Tastbewegungen ausführen, das Ohr den betasteten Flächen nähert, so kann man feststellen, daß beim Tasten Dauergeräusche entstehen, die sich nach der Stärke und nach der Qualität mehr oder weniger voneinander unterscheiden. Hat man es mit einer Serie von Papieren zu tun, so kann man nach einiger Übung die Papiere recht gut allein nach den erzeugten Geräuschen auseinanderhalten. Diese wahrnehmbaren Geräusche sind ein untrügliches Kriterium dafür, daß bei der Bewegung des Fingers an seiner Berührungsstelle mit den Tastflächen Schwingungen entstehen, und nun ist die Behauptung, daß die durch diese Schwingungen ausgelösten Vibrationsempfindungen erst die feinere Unterscheidung der Tastflächen nach ihrem Rauhigkeits- resp. Glattheitscharakter gestatten."[91]

---

[89] a.a.O., S. 114
[90] a.a.O., S. 218
[91] a.a.O., S. 227

2.5 Zur Bedeutung der Bewegung beim Tasten

Die These vom Vorhandensein eines Vibrationssinns wurde hier vor allem deswegen ausführlicher referiert, weil sie auf einen elementaren Faktor hinweist, der bei nahezu allen Tastvorgängen von Bedeutung ist: auf den Faktor der Bewegung nämlich. Katz führt dazu am Anfang seines Buchs treffend aus:

„Daß die Bewegung Tastphänomene schafft, die nur von Gnaden der Bewegung existieren, erweisen alle Modifikationen von Oberflächentastungen; Glätte und Rauhigkeit sind tatsächlich nur bei Bewegung des Tastorgans zur Tastfläche vorhanden, nicht aber bei Ruhe. Mag sein, daß auch so etwas wie optische Glätte und Rauhigkeit gibt, ihre Urbilder liefert der Tastsinn, und der Blindgeborene bekommt jedenfalls nur durch ihn von jenen Eindrücken Kenntnis. Verbietet man die Bewegung, so entfällt der ganze Reichtum an Modifikationen und Spezifikationen der Oberflächentastung, von dem dieses Werk berichtet."[92]

Und weiter unten:

„Auch alle Eindrücke, die der Reihe hart-weich angehören, verdanken ihr Entstehen ausschließlich Reizverläufen. Ruht das Tastorgan wirklich bewegungslos auf einem Körper, so ist jedes sichere Urteil darüber, ob er hart oder weich sei, ausgeschlossen."[93]

Interessant ist nun, daß wir in aller Regel weder Angaben über die Art und Geschwindigkeit der Tastbewegungen noch über die Anzahl der beteiligten Finger und der anderen Tastregionen der Hand machen können.[94] Was kann man aus diesem Sachverhalt schließen? Daß das Tasten, von Ausnahmen abgesehen, ein gleichsam *automatischer Vorgang* ist. Es ist

....

[92] a.a.O., S. 62f.

[93] a.a.O., S. 63

[94] Gut möglich, daß sich viele nicht einmal im klaren darüber sind, daß sich die Finger überhaupt bewegen!

eher so, daß die Finger sich bewegen, als daß *ich* meine Finger bewege. Auf den Punkt gebracht: Ich muß mich nicht *entschließen*, meine Finger zu bewegen, ebensowenig wie ich mich *entschließen* muß, meine Augen zu bewegen. Man kann also ohne Übertreibung davon sprechen, daß die Hände (wie die anderen Sinnesorgane auch) *eine Art Eigenleben* führen. Die *instrumentelle* Verwendung der Hände, welche dem unreflektierten Urteil nach dominant ist, scheint daher, was die tagtägliche Dauer des Tastens angeht, von eher untergeordneter Bedeutung. Der Tastsinn begleitet uns von morgens bis abends auf unaufdringliche Art und Weise bei der Bewältigung nicht unkomplizierter und ungefährlicher Alltagsaufgaben. Daß wir die Hände daher als selbständiges Erkenntnisorgan betrachten können, sollte aus dem bisher Gesagten deutlich geworden sein. Auf diese Frage wird weiter unten zurückzukommen sein.

2.6 Temperaturempfindungen

Ich möchte mit einem Zitat beginnen:

„Es war mir von den ersten Beobachtungen an klar, daß den Temperaturempfindungen, welche Tasteindrücke begleiten und durchsetzen, bei der Erkennung mancher Tastmaterialien eine große, wenn nicht ausschlaggebende Bedeutung zukomme. Metalle verrieten sich immer durch ihre ausgesprochene Kälte, ebenso Glas, während Wollstoffe durch ihre behagliche Wärme besonders eindrucksvoll waren."[95]

Die Formulierung „Metalle verrieten sich immer durch ihre ausgesprochene Kälte" möchte ich zum Anlaß nehmen, ein grundsätzliches Paradoxon (sofern es so etwas gibt) zu thematisieren. Selbstverständlich kann einem Mann wie Katz nicht unterstellt werden, er wisse nicht, daß die Me-

---

[95] a.a.O., S. 163

talle selbst nicht kalt sind, sondern daß es sich um einen Temperatureindruck handelt. Aber die Tatsache, daß nicht nur Kinder, sondern auch sehr viele (wenn nicht die meisten) Erwachsenen bei Kork und Holz von *warm* und bei Stein und Metall von *kalt* sprechen und damit ganz offenbar eine *Eigenschaft* der Stoffe meinen, sollte uns einen Moment näher beschäftigen. Schon allein deswegen, weil uns diese Redeweise so geläufig ist, daß wir gemeinhin nicht weiter über sie nachdenken.

Der Satz „Die Luft ist kalt" unterscheidet sich nicht grundsätzlich von den Sätzen „Kork ist warm" oder „Kupfer ist kalt". In beiden Fällen wird durch das *ist* (sein) eine *Eigenschaft* des Mediums oder Stoffs behauptet.

Wie kommt man zu diesen Aussagen? Voraussetzung ist ein Hautkontakt zwischen mir und dem Medium oder Stoff. Und wenn meine unbedeckte Haut mit Luft von 18 Grad oder meine Finger mit einem Kupferstück von 18 Grad in Berührung kommen, dann trifft etwas Warmes auf etwas Kaltes: 37 Grad Körpertemperatur auf 18 Grad Außentemperatur. Verständlich, daß ich dann sage: Die Luft oder das Kupferstück *ist* kalt.

Wie verhält es sich nun mit einem Korkstück in der Hand oder einem Korkfußboden, über den ich barfuß gehe (erneut bei einer Lufttemperatur von 18 Grad)? Auch hier treffen 37 Grad Körpertemperatur auf einen Stoff von 18 Grad. Die Aussage lautet jedoch: Kork *ist* warm. Warum?

Beim Hautkontakt ist der Temperatureindruck eben angenehm warm, und im Normalbewußtsein werde ich nicht die physikalischen Rahmenbedingungen klären wollen, um daraufhin die Aussageform meines Satzes kritisch zu hinterfragen. Kennzeichnenderweise käme ja auch kein normaler Mensch auf die Idee, bei angenehm temperierter Luft zu sagen: „Die Luft fühlt sich warm an".

Zwei Dinge können nun festgehalten werden:

1. Im täglichen Leben sind sich die meisten Menschen ihrer Körpertemperatur in Relation zur Temperatur der uns umgebenden Dinge/Stoffe und ‘Medien' (Luft, Wasser...) nicht bewußt. Es ist daher auch nicht Allgemeingut, daß Wörter wie kalt oder warm im Grunde Relationen bezeich-

nen: Kalt oder warm werden 'gemessen' an unserer Körpertemperatur, sie bezeichnen, was sich zwischen mir und einem Ding oder Medium ereignet. Und auf der Empfindungsebene sind die behandelten Wörter, analytisch betrachtet, nichts anderes als Gefühlsbeschreibungen.

2. Was die Physiker unter Wärmeleitfähigkeit verstehen, ist nicht ins 'Normalbewußtsein' eingedrungen. Selbst bei Studierenden habe ich immer wieder festgestellt, daß sie größte Schwierigkeiten hatten, den unterschiedlichen Temperatureindruck von Materialien zu verstehen.[96] Um so verwunderlicher, als sich dies alles durch intensiveres Nachfühlen und Nachdenken vergleichsweise schnell herausfinden ließe. Dazu noch einmal eine sehr klare Textpassage bei Katz:

„Bei der Berührung der höher temperierten Finger mit den Gegenständen des Zimmers beginnt ein Ausgleich der Temperaturdifferenz, es erfolgt ein Abfluß der Wärme von der Haut zum berührten Gegenstand. Nun ist aber – wenn wir einmal Extreme herausgreifen – das Wärmeleitvermögen von Metall außerordentlich viel höher als das von Wollstoff, es wird also vom Finger zum Metall mehr Wärme abgeleitet als zum Wollstoff. Dieser Unterschied des Wärmeflusses muß die Grundlage für die verschiedene Beurteilung der berührten Körper nach ihrem Temperatureindruck bilden."[97]

Nach diesen mehr oder weniger grundsätzlichen Überlegungen soll nun auf Temperaturempfindungs-Versuche eingegangen werden, die Katz mit verschiedensten Materialien anstellte. Es ging dabei darum, daß Versuchspersonen sie dem thermischen Eindruck nach ordneten, und zwar bei einer Raumtemperatur von 18 Grad. Auf der Skala kalt-warm ergab sich ohne besondere Anstrengung und Streuung auf Seiten der Versuchspersonen diese Reihenfolge:

---

[96] Viele sind beispielsweise der Ansicht, jedes Material habe – sozusagen in sich – seine eigene Temperatur.

[97] Katz, a.a.O., S. 164f.

„1. Aluminiumblech, 2. Bleiplatte, 3. Glas, 4. Wachstuch, 5. Pappe, 6. Holz, 7. Leinen, 8. Seide, 9. Frotté, 10. Samt, 11. Tuch."[98]

Katz wiederholte diesen Versuch mit Materialien, die auf 44 Grad erhitzt waren. Hier seine Überlegungen dazu:

„Wenn tatsächlich der Temperatureindruck eines Körpers durch den Wärmeabfluß von der Haut bestimmt wird, dann müßte es zu ganz neuartigen Phänomenen kommen, sobald die Temperatur des Körpers die des Tastorgans übersteigt. Hat das Objekt die höhere Temperatur, so muß von ihm Wärme auf den Organismus übergehen und zwar um so mehr, je besser das Wärmeleitvermögen des Objekts ist."[99]

Ergebnis: „Wir können sagen: Bei einer Temperatur über Leibeswärme gilt der thermische Invariantensatz unter Umkehrung der thermischen Reihe."[100]

Nach dem Gesagten kann also festgehalten werden, daß die Kälte- und Wärmerezeptoren der Hand zu sehr feinen Differenzierungen fähig sind. Darüber hinaus trägt der Temperatureindruck wesentlich zur Erkennung von Materialien bei. Katz spricht in diesem Zusammenhang von „Temperaturgestalten":

„Jedes Material hat [...] seine *spezifische* Temperaturgestalt. Es gibt Gruppen von Stoffen, die sich thermisch nahestehen, deren Temperaturgestalten einander ähnlich sind. Das gilt z. B. für die gebräuchlichsten Metalle, die an den Körpern unserer Umgebung auftreten, für die gebräuchlichsten Holzarten, Webstoffe, Papierarten, mit denen wir es zu tun haben. So kann es zu typischen Temperaturgestalten, also zur Temperaturgestalt der Metalle, Hölzer, Webstoffe, Papiere usw. kommen. Die Temperaturgestalten werden dem Gedächtnis eingeprägt und helfen beim Wiedererkennen der Stoffe."

....

[98] a.a.O., S. 166
[99] a.a.O., S. 169
[100] a.a.O., S. 170

56

In der dazugehörigen Anmerkung heißt es:

„Es wird also das absolute Temperaturgedächtnis in Anspruch genommen. Es ergibt sich schon aus diesen unseren Feststellungen, daß dessen Leistungsfähigkeit beträchtlich sein muß."[101] „Spezifische" Temperaturgestalten sind zwar schwieriger zu erkennen als „typische" („Gruppen von Stoffen, die sich thermisch nahestehen"[102]), doch ist Katz davon überzeugt, daß es durch Übung gelingen könnte, beispielsweise Kupfer, Aluminium, Messing, Zink, Eisen, Zinn und Blei „nach ihrer spezifischen Temperaturgestalt voneinander zu unterscheiden."[103]

2.7 Kinästhesie

Immer sind beim Tasten und Fühlen neben der Haut auch Sehnen, Muskeln und Knochen beteiligt.

Nun ist zu fragen, welche Bedeutung den *kinästhetischen Empfindungen* (wörtlich und in diesem Fall zugleich treffend zu übersetzen mit *Bewegungsempfindungen*) beim Erkennen von Tastqualitäten zukommt.

Bewegungsempfindungen können, wie wir oben sahen, auf die Haut bezogen werden; man kann aber darüber hinaus nach dem Spannungsgrad von Muskeln und Sehnen (Muskelsinn) fragen. Da sich beides in der Praxis nicht voneinander trennen läßt, umfassen kinästhetische Empfindungen die Empfindungen von Tast- und Muskelsinn.

Katz weist nach, daß beim Empfinden von Rauhem und Glattem, Hartem und Weichem der Muskelsinn eine völlig untergeordnete Rolle spielt[104], da uns der Tastsinn allein über diese Qualitäten 'Auskunft geben' kann.

[101] a.a.O., S. 174f.

[102] a.a.O., S. 174

[103] a.a.O., S. 175

[104] a.a.O., S. 250

Dagegen sind Qualitäten wie Elastizität und Klebrigkeit ohne den Muskelsinn nicht zu erschließen, und er ist hier von ganz außerordentlicher Differenziertheit.[105] Dazu kommt die herausragende Rolle des Muskelsinns beim Erkennen von Gewichten und Gewichtsunterschieden. Erinnert sei hier an die charakteristischen wägenden Bewegungen, die man mit mit einer Hand oder zum Vergleich mit zwei Händen ausführt.

2.8   Tastsinn und Sprache

Führte der Tastsinn ein Schattendasein, so müßte sich dies auch sprachlich manifestieren. Jedoch zeigt bereits ein Blick auf die Verben, wie hoch die Anzahl derer ist, die dem haptisch-motorischen Bereich entstammen. Ohne den Anspruch auf Vollständigkeit[106] seien folgende Verben angeführt, die ausschließlich oder *auch* Handtätigkeiten bezeichnen.

Der Übersichtlichkeit und Prägnanz halber beschränke ich mich bei den Vorsilben auf verbale Präfixe und Präfixe bei Nomina und Verben, also auf:

be-, er-, ent-, ver-, zer-, ge- und miß-.

Im ersten Schritt werden die Verben, im zweiten die davon abgeleiteten Substantive und Adjektive genannt.

binden entbinden, verbinden – Entbindung, Verbindung, Verbundenheit, Gebundenheit – entbunden, verbunden, gebunden

decken bedecken, entdecken, verdecken – Bedeckung, Entdeckung, Verdeck, Gedeck – bedeckt, gedeckt

....

[105] a.a.O., S. 249

[106] Eine ausführlichere Sammlung als die nun folgende ist mir allerdings nicht bekannt.

drücken bedrücken, erdrücken, verdrücken, zerdrücken – Bedrücktheit
– bedrückt, gedrückt

falten entfalten – Entfaltung

fangen Befangenheit, Verfänglichkeit – befangen, gefangen, verfangen,
verfänglich

fassen befassen, erfassen, verfassen – Erfassung, Verfassung – gefaßt

fügen verfügen – Fügung, Fügsamkeit, Verfügung – fügsam, füglich

geben begeben, ergeben, vergeben – Begebenheit, Ergebenheit, Gege-
benheit, Vergeblichkeit, Vergebung – gegeben, ergeben, vergebens,
vergeblich

greifen begreifen, ergreifen, vergreifen – Begriff, Ergriffenheit, Miß-
griff – begreiflich, begriffen, begrifflich, ergriffen, vergriffen

halten behalten, erhalten, enthalten, verhalten – Erhaltung, Enthaltung,
Verhaltung, Enthaltsamkeit, Verhalten – enthaltsam, verhalten, gehalten

handeln behandeln, verhandeln, mißhandeln – Behandlung, Verhand-
lung, Mißhandlung, Handel, Handlung, Händler

heben beheben, erheben, entheben, verheben – Behebung, Erhebung,
Erhabenheit, Enthebung – gehoben, erhaben

klopfen beklopfen – bekloppt

knöpfen

knüpfen verknüpfen – Verknüpfung

legen belegen, erlegen, verlegen, zerlegen – Belegung, Erlegung, Ver-
legung, Zerlegung, Verlegenheit, Gelegenheit – gelegen, verlegen

lösen erlösen – Erlösung, Gelöstheit – gelöst

nehmen benehmen, entnehmen, vernehmen – Benehmen, Entnahme,
Genehmigung, Vernehmen, Vernehmung, Vernunft – genehm

packen bepacken, verpacken – Verpackung, Gepäck

reichen erreichen – Erreichen

richten berichten, errichten, entrichten, verrichten – Richtung, Bericht,
Errichtung, Entrichtung, Verrichtung, Gericht, Berichtigung

rühren berühren, verrühren, zerrühren – Berührung, Gerührtheit – gerührt

schlagen beschlagen, erschlagen, entschlagen, verschlagen, zerschlagen – Beschlagenheit, Beschlag, Beschlagnahme, Verschlag, Verschlagenheit – beschlagen, verschlagen

schließen beschließen, erschließen, entschließen, verschließen – Schlüssel, Schloß, Schluß, Beschluß, Verschlossenheit, Entschluß – geschlossen, verschlossen

setzen besetzen, ersetzen, entsetzen, versetzen, zersetzen – Besetzung, Entsetzen, Ersetzung, Gesetz, Gesetztheit, Setzung, Versetzung, Zersetzung – ersetzbar, gesetzt

stellen bestellen, erstellen, entstellen, verstellen – Bestellung, Erstellung, Entstellung, Gestell, Verstellung

teilen erteilen, verteilen, zerteilen – Beteiligung, Erteilung, Verteilung, Zerteilung

weisen beweisen, erweisen, verweisen – Beweis, Erweis, Verweis

wenden bewenden, entwenden, verwenden – Bewenden, Bewandtnis, Gewandtheit – gewandt

winken

wischen erwischen, entwischen, verwischen

zeigen bezeigen – Bezeigung

zwicken verzwickt

Würde man alle Vorsilben von Verben, Adjektiven und Substantiven berücksichtigen, so wäre diese Liste vermutlich drei- bis viermal so lang und würde die Anzahl der aus anderen Sinnesbereichen ableitbaren Wörter beträchtlich übersteigen. Es drängt sich also notwendigerweise die Frage auf:

Wieso entstammen diesem vielfach geschmähten, den unteren Sinnen zugerechneten Bereich so viele Wörter, Wörter, die dazu noch, zumindest zum Teil, ganz offenbar Kategorien des Verstandes bezeichnen? Wörter wie: Verbindung, Entdeckung, Entfaltung, Erfassen, Begriff, begrifflich, begreiflich, Behandlung, Erhabenheit, Verknüpfung, Vernunft, Bericht, Beschlagenheit, Schluß, Setzung, Beweis, Verweise usw.

Zum einen fällt die Vielfalt von Handlungen und Bewegungen ins Auge, die mit der Hand ausgeführt werden können. Das Handlungs- und mimetische Repertoire des Tastsinns ist wesentlich größer als das anderer Sinnesbereiche. Diese Vielfalt korrespondiert mit der Vielfalt kognitiver Prozesse, wie allein die oben zusammengestellte Liste mit Verben aus dem taktil-motorischen Bereich zeigt.

Dazu kommt die Unmittelbarkeit, die für alle Tastungen charakteristisch ist. Kein anderer Sinn bringt uns, wie gezeigt wurde, derart direkt mit den Dingen der Außenwelt zusammen wie der Tastsinn. Ich berühre die Dinge und sie mich – auf diese Formel ließe es sich bringen. Nach Katz müssen wir „dem Tastsinn den erkenntnispsychologischen Vorrang vor allen anderen Sinnen geben, weil seine Erkenntnisse den tragfähigsten Realitätscharakter haben. Der Tastsinn hat eine weit größere Bedeutung für die Entwicklung des Glaubens an die Realität der Außenwelt als die anderen Sinne."[107]

Noch einmal sei an dieser Stelle an die fundamentale Bedeutung der Bewegungen im Tastakt erinnert. Es ist, als würden die Finger in ihren Bewegungen fast mißtrauisch eine erste Hypothese, i. e. den ersten Tasteindruck, überprüfen und sich erst nach ausführlicher Vergewisserung zufriedengeben. Und sie tun dies fast immer ohne bewußte Steuerung oder Kontrolle, was ihre 'Selbständigkeit' belegt.

Die Beweglichkeit und Handlungsfähigkeit der Hand sowie das Differenzierungsvermögen beim Tasten (die Fähigkeit, Eigenschaften des Dings wahrzunehmen, und das, was diese in mir auslösen)[108] entwickeln sich zwar zum Teil automatisch, sind aber auch abhängig davon, inwieweit sie im Sozialisationsprozeß gefördert und verfeinert werden. Daher kann als wei-

---

[107] Katz, a.a.O., S. 255

[108] „Objekt und Subjekt sind als getrennte Faktoren des Tasteindrucks gar nicht vorstellbar." Katz, a.a.O., S. 262

terer Faktor angeführt werden die individuelle kognitive und emotionale Entwicklung. Welche Bedeutung der Tastsinn für die psycho-physische Entwicklung hat, wurde weiter oben skizziert. Für die kognitive Entwicklung sind maßgeblich die verschiedenen Aktivitäten der Hand, die in einer sehr frühen Phase beginnen.

„Sobald das Kind seine Hände zu gebrauchen lernt, erwacht eine wahre Tastleidenschaft. Eine wichtige Vervollkommnung des Tastwerkzeugs setzt mit der Opposition des Daumens ein [...]. Man kann ohne Übertreibung sagen, alles was das Kind sieht, will es auch betasten."[109]

Man kann davon ausgehen – und dies war auch Montessoris Annahme –, daß sich in diesem Zeitraum die Grundlagen für die weitere geistige Entwicklung bilden.

Sieht man nun von solchen empirischen Fragen ab und betrachtet die im Tastsinn liegenden Möglichkeiten grundsätzlich, so kann man nicht nur wie Katz von einem erkenntnispsychologischen, sondern allgemeiner von einem erkenntnistheoretischen Primat des Tastsinns sprechen. Die große Vielfalt und Differenziertheit der Wörter, die aus dem taktil-motorischen Bereich stammen, können kein reiner Zufall sein.

Angemerkt sei abschließend, daß sich die mit dem Tastsinn zusammenhängenden Wörter offenbar fast zu gleichen Teilen der kognitiven oder emotionalen Sphäre zuordnen lassen.

2.9   Zur Rolle des Tastsinns im „Material-Buch"

Liegen die Plättchen im Kasten, so ist durch bewegtes Tasten mit den Fingerkuppen, welches sich quasiautomatisch einstellt, feststellbar, wie die Oberflächen der Materialien beschaffen sind.

----

[109] a.a.O., S. 257f.

62

Am glattesten sind die Metalle, es folgen die Hölzer, Marmor und Granit, dann Leder und Bienenwachs, wobei die letzteren beiden glatt und stumpf zugleich sind: Sie bieten also den tastenden Fingerkuppen einen gewissen Widerstand. Uneben sind dagegen die Oberflächen von Kalkstein und Schiefer und von Kork, Filz und Lammfell – allerdings auf sehr unterschiedliche Weise. Und zwar deswegen, weil sich – was im übrigen auf alle Materialien zutrifft – zum Oberflächeneindruck der Eindruck von Härte beziehungsweise Weichheit (oder Nachgiebigkeit) gesellt.[110] Beim Kalkstein (gleichmäßig uneben, sozusagen weichholprig) und Schiefer (recht glatt, von plötzlichen rißartigen Stufungen unterbrochen) bleiben die Fingerkuppen faktisch auf der Oberfläche, während sie bei Kork (leicht rauh, körnig wie sehr feines Sandpapier) ein wenig, bei Filz (haarigkratzig) etwas mehr und bei Lammfell (haarigweich) am stärksten in die Oberfläche eindringen.

Zur Skala hart-weich: Am deutlichsten erhält man über die Härtegrade Aufschluß, wenn man mit dem Fingernagel zu ritzen versucht. Bei den Metallen und Steinen ist ein Ritzen ausgeschlossen, bei den organischen Stoffen dagegen mit unterschiedlichem Kraftaufwand möglich: am einfachsten bei Wachs, am schwierigsten beim Eichenholz. Kork und Filz fallen hier in gewisser Hinsicht aus dem Rahmen, da ein Ritzen zwar möglich ist, jedoch keine Spuren hinterläßt, und beim Drücken mit den Fingerkuppen mag die relative Härte des Rindleders überraschen.

Ohne die Plättchen herauszunehmen, ist es ebenfalls möglich, sich einen Temperatureindruck der einzelnen Stoffe zu verschaffen, womit ich zur Skala kalt-warm übergehe.

Auffallend (und für viele überraschend und erstaunlich) sind hier die extremen Differenzen. Geht man von den Familien aus, so ergibt sich auf der Skala kalt-warm folgende folgende Reihenfolge: Metalle, Gesteine,

---

[110] Mir ist bewußt, daß wir beim Tasten/Fühlen immer mehrere Tasteindrücke zugleich haben. Um mir aber eine möglichst große Klarheit über die einzelnen Faktoren zu verschaffen, gehe ich hier sozusagen analytisch vor.

pflanzliche Stoffe, tierische Stoffe, wobei unter thermischem Aspekt Kork eher in die letzte, Bienenwachs und Leder eher in die vorletzte Gruppe einzuordnen sind.

Selbstverständlich sind innerhalb der Gruppen weitere Differenzen auszumachen. So fühlt sich beispielsweise Kupfer und Messing deutlich kühler an als Aluminium, Schiefer wärmer als Marmor und Bienenwachs kühler als Leder, ja sogar als Eichenholz! Allerdings muß man, um derartige Unterschiede feststellen zu können, einige Geduld und Konzentration aufbringen – Geduld vor allem deswegen, weil man warten muß, bis sich die Fingerspitzen wieder (auf die normale Körpertemperatur) erwärmt haben, und Konzentration, weil man sich ganz auf den Temperatureindruck einlassen und alle anderen Eindrücke übergehen muß.

Nimmt man nun die Plättchen aus ihren Fächern, so tastet und fühlt man beide Seiten – und zwar automatisch, das heißt ohne nachzudenken, zwischen Daumen auf der einen und den übrigen Fingern (vor allem Zeige- und Mittelfinger) auf der anderen Seite. Und noch etwas ist anders, als wenn die Plättchen im Kasten liegen: Man tastet nicht nur mit den Fingerkuppen, sondern ebenso mit den anderen Fingergliedern, den Handinnenflächen und Daumenballen. Dadurch erhält man (im Gegensatz zum Fingerkuppentasten) einen Gesamteindruck:

Man kann *Unterschiede zwischen Ober- und Unterseite feststellen,*
fühlt die *Kanten,*
nimmt die *Form,*
das *Volumen,*
die *Elastizität* bzw. *Biegsamkeit* und
das jeweilige *Gewicht* wahr.

Bei den Metallen, den Steinen (Ausnahme Kalkstein), Kork und Filz sind Ober- und Unterseite (abgesehen von Marginalien) identisch.

Bei den anderen Materialien jedoch nicht – und zwar mit Absicht (abgesehen von Bienenwachs, bei dem die Form (leicht kissenförmig) auf

Herstellungsnotwendigkeiten zurückzuführen ist, und Lammfell, bei dem die Unterschiede in der Natur der Sache liegen).

Bei den Hölzern sollte erkennbar sein, welche Spuren Hobel (glatte Seite) und Säge hinterlassen. Beim Leder wurde die Unterseite (heller) absichtlich nicht weiter behandelt, damit man sehen und begreifen kann, welche Folgen der Gerbeprozeß einer Haut hat. Beim Kalkstein endlich sollte deutlich werden, warum sich dieser bestimmte (Solnhofen) so ausgezeichnet für Lithographien eignet, was nicht hätte erreicht werden können, hätte man beide Seiten mehr oder weniger rauh belassen.

Wenn an den Plättchen überhaupt irgend etwas spitz zu nennen ist – und damit komme ich zum zweiten Punkt –, so sind es die Kanten. Allerdings trifft dies nicht auf alle Quadrate zu. Besonders scharf sind paradoxerweise die Kanten der Hölzer (was gleichermaßen auf das Material und die es bearbeitenden Maschinen zurückzuführen ist), es folgen (der Schärfe nach) die Kanten der Metall- und Steinstücke. Die Kanten bilden einen interessanten Kontrapunkt zu der insgesamt vorherrschenden, angenehmen Glätte bzw. Weichheit der Oberflächen.

Die Form und das Volumen der Materialstücke ist durch das ganzhändige Tasten schnell erfaßbar, und es wäre redundant, hierüber viele Worte zu verlieren, wären da nicht vier Stücke, die in diesem Kontext aus dem Rahmen fallen. Filz und Lammfell sind derart biegsam, daß man sie sogar rollen kann, wobei das Lammfell von selbst in den glatten Zustand zurückkehrt, Filz dagegen nur mit gütiger Nachhilfe.

Elastisch sind dagegen Rindsleder und Kork, allerdings mit zwei Einschränkungen. Wenn man das Leder stark biegt, kehrt es nur langsam oder gar nicht in seine Ausgangsform zurück, und beim Kork läuft man Gefahr, es durch zu starkes Biegen zu zerbrechen, was im übrigen auch auf das

Bienenwachs zutrifft, das vielen Erwartungen zum Trotz sich bei normalen nordischen Temperaturen überhaupt nicht biegen läßt.[111]

Wie verhält es sich nun – und damit komme ich zum sechsten Punkt – mit den Gewichten der einzelnen Stücke? Nach Familien aufgeteilt ergibt sich auf der Skala schwer – leicht folgende Reihenfolge: Metalle, Steine, pflanzliche Stoffe, tierische Stoffe. Jedoch fallen hier einige Stoffe aus dem Rahmen.

Zunächst das Aluminium: Zwar ähnelt es der Farbigkeit und dem Glanz nach dem Stahl (Eisen), die Gewichtsunterschiede jedoch sind enorm (Dichte von Eisen: 7,86, Dichte von Aluminium: 2,7). Der Gedanke, daß Menschen die beiden Plättchen auf den ersten Blick für gleich oder ähnlich halten könnten und dann wegen des extrem unterschiedlichen Gewichts beim Herausnehmen zunächst irritiert sind, hatte mich auf die Idee gebracht, diese beiden Stoffe nebeneinanderzulegen.

Dem Gewicht nach ist Aluminium exakt den Steinen zuzuordnen, deren Dichte zwischen 2,6 und 2,8 liegt.

Bei den pflanzlichen Stoffen nun fällt Kork aus dem Rahmen – er ist dem Gewicht nach eher dem Lammfell und Filz zuzuordnen. Bienenwachs und Rindsleder gehören dagegen unter barischem Gesichtspunkt eher der Reihe der Hölzer an.

Damit sind alle wesentlichen Tastaspekte der Materialquadrate zur Sprache gekommen, und ich kann die Ergebnisse kurz zusammenfassen:

Sowohl auf der Skala glatt – rauh (uneben) als auch auf der Skala hart-weich gibt es so starke Differenzen, daß die tastende und fühlende Hand ein reiches Betätigungsfeld findet, also ihre nicht zu Bewußtsein kommende Dienerrolle eine Zeit lang ablegt.

....

[111] Bei 'Übungen' mit dem Kasten ist es immer wieder passiert, daß das Wachs-, aber auch das Korkstück zerbrochen wurde. Dies ist – unterstellt man nicht mutwillige Zerstörungswut – auf ein defizitäres Materialverständnis bzw. Tastvermögen zurückzuführen. Diese Bemerkung bezieht sich in erster Linie auf Erwachsene.

Für die Tasteindrücke im Bereich des Glatten und Rauhen gilt dies verstärkt, sobald Vorder- und Rückseite ins Spiel kommen. Auch spitze Stellen sind vorhanden, allerdings nur an den Kanten und auch nicht bei allen Materialien.

Die Wärmeleitfähigkeit der Stoffe ist ebenfalls extrem unterschiedlich und somit auch der Temperatureindruck: Den einen Pol bildet Kupfer, den anderen Filz, dessen thermische Eigenschaften allerdings mit denen von Kork und Lammfell nahezu identisch sind.

Extrem verschieden sind auch die Gewichte: Die schwersten Materialien sind Kupfer und Messing, die leichtesten Filz und Kork.

Obwohl die im „Material-Buch" vertretenen Stoffe stark im Gewicht, in der Oberflächenbeschaffenheit, der Härte und der Wärmeleitfähigkeit differieren, so kommen doch bestimmte Tastqualitäten *nicht* vor. Das liegt in der Natur der Sache, denn die Auswahl beschränkt sich – abgesehen von Filz und Fell – auf *feste* Stoffe, die sich problemlos in die 5 x 5 cm große Form bringen lassen. Flüssige Stoffe wie Wasser oder Öl sowie faserige, bröselige, bröckelige und lose-körnige Stoffe fehlen also, obwohl sie in der Tastwelt nicht eben selten sind. Wären jedoch derartige Stoffe – sofern dies praktisch überhaupt zu realisieren gewesen wäre – in den Kasten aufgenommen worden, so wäre ein Faktor ausgeschlossen worden, der mir neben anderen wesentlich war: die problemlose Möglichkeit des Gewichtsvergleichs nämlich.[112]

Im übrigen kommt Wasser im Tasterleben auf interessante Weise doch ins Spiel, da sich vor allem bei den glatten und kalten Flächen durch die Absonderungen der Haut eine Art Schweißfilm bildet. Aber dies ist selbstverständlich etwas anderes, als Tau auf einem Blatt oder Wasser in einem See zu berühren und zu betasten..

....

[112] Daß nicht alle Stücke gleich dick und groß sind, ist auf zahlreiche technische Probleme zurückzuführen. Gleichwohl ist ein solcher Vergleich in der Regel möglich.

Bevor ich abschließend auf die Frage eingehe, worin denn der Sinn des durch „Das Material-Buch" intendierten Tastens liegen könnte, möchte ich zumindest kurz auf die anderen Sinne eingehen, die bei der Beschäftigung mit den Täfelchen eine Rolle spielen.

Das Auge trifft auf rötliche, gelbliche, bläuliche Farben und auf Grau, Weiß und Schwarz – kein Einerlei also, auch weil keine Farbe einer anderen gleicht. Dazu kommen die verschiedenen Grade der Glätte und des Glanzes. Und dazu kommt, daß *ein* Stoff lichtdurchlässig ist: Bienenwachs.

Unter auditiven Gesichtspunkten sind die Metalle herauszuheben. Aber den Hölzern und selbst den Steinen lassen sich ebenfalls Töne entlocken, wenn man die Plättchen mit den Ecken (also rhombusartig) beispielsweise auf das Filz- und Lammfellstück legt und sie mit einem Nagel, einer Schraube oder einem anderen festen Gegenstand anschlägt. Spätestens nach solchen Versuchen versteht man, wie Xylophone und Metallophone konstruiert sind, beziehungsweise wie ein Lithophon zu bauen wäre.

Unter Geruchsaspekten sind an erster Stelle Bienenwachs, dann Rindsleder und Eichenholz hervorzuheben. Aber auch die anderen Hölzer und die Metalle kann man riechen, obwohl die Hölzer (abgesehen vom Eichenholz) und die Metalle untereinander dem Geruch nach sehr schwer, wenn überhaupt auseinanderzuhalten sind. Im Gegensatz dazu weigern sich die Steine, einen Geruch zu verströmen.

Ich komme zur Frage nach dem Sinn des Tastens.

Es war von Beginn an klar, daß die Tastbarkeit der Stoffe einen Schwerpunkt (nicht *den*) des ganzen Unternehmens ausmachen sollte. Nun kann das Tasten auf sehr unterschiedliche Art und Weise geschehen, was natürlich auch abhängig ist vom Alter der Tastenden. Ich denke jedoch, daß man es spätestens von den höheren Klassen der Grundschule an nicht beim bloßen, nicht-'versprachlichten' Tasten belassen sollte. Gerade heute – das wird mir bei meiner Arbeit mit Studierenden des Faches Kunstpädagogik immer wieder schmerzhaft deutlich – besteht dringender denn je die Notwendigkeit, den zumindest geistig folgenlosen Sensationen (auch „Kicks" genannt) etwas entgegenzusetzen – oder besser und genauer: sie zu verbinden mit sprachlich gefaßten Reflexionen, über die ein geduldiger, gemeinsamer sprachlicher Austausch stattfindet.

Nur so kann der immer stärker zunehmenden Wahrnehmungsunfähigkeit entgegengearbeitet werden.

Auf „Das Material-Buch" bezogen bedeutet dies, daß die verschiedenen Faktoren (Oberflächenbeschaffenheit, spitze Kanten, Härte und Weichheit, Temperatureindrücke (Wärmeleitfähigkeit), Biegsamkeit und Elastizität, Gewicht) ohne Zeitdruck erfahren werden können, um dann in einem zweiten Schritt die Tasteindrücke zu verbalisieren und zu reflektieren. Ohne derartige Reflexionen wird sich wohl kaum etwas einprägen, es wird vielmehr bei einem „Kick" bleiben, den man sich genausogut durch das „Reinziehen" von Fernsehwerbung oder den Besuch eines Rummelplatzes besorgen kann.

Ich spreche hier nicht von dem, was mit den Materialproben außerdem noch verbunden werden kann – dies wird u.a. im 'Materie und Material'-Teil der Arbeit ausführlicher behandelt. Ich spreche erst einmal nur von den oben beschriebenen Sinneseindrücken. Ohne eine Bewußtmachung sinnlichen Geschehens werden sich Gegenkräfte zu den neuen und und nicht mehr ganz so neuen Medien nicht schaffen lassen.

Abschließend möchte ich auf einen allgemeinen Aspekt der Materialpräsenz eingehen. Eigentümlicherweise können wir uns an einiges, was wir gesehen, gehört, geschmeckt, gerochen und getastet haben, zwar recht gut erinnern, doch sind diese Erinnerungen – in welchem Sinnesbereich auch immer – nie so genau, daß ein Wiederholen des sinnlichen Geschehens überflüssig wäre. Obwohl wir beispielsweise ein Bild bereits kennen, wollen wir es mitunter nach einer gewissen Zeit wiedersehen, ebenso wie wir ein Buch, dessen Inhalt wir noch kennen, wieder lesen möchten. Dies ist ein erstaunliches und zugleich beglückendes Phänomen, denn wenn sich sinnlich Erfahrenes jeweils in seiner ganzen Komplexität einprägen würde und zwar so, daß unmittelbar Erfahrenes auf der einen und Erinnertes auf der anderen Seite identisch wären, hätten wir keinen Grund, etwas auch nur ein zweites Mal zu sehen, zu hören, zu schmecken, zu riechen und zu tasten.

Alles wäre also nach einmaligem Erleben sozusagen abgehakt, und wir wären ständig auf der krampfhaften Suche nach Neuem.

Nun habe ich mit den Materialtäfelchen, die ich seit Jahren „kenne", immer wieder eben diese Erfahrung gemacht, die ich eben skizzierte:

Obwohl ich mich genau an die mit den Quadraten verbundenen Tasteindrücke erinnern zu können meinte, war ich doch jedesmal erstaunt über die Intensität des jeweils aktuellen Geschehens.

Erinnertes und aktuelles Tastgeschehen verhalten sich zueinander wie eine erinnerte Landschaft zu der, die ich gerade erfahre, wie eine Blaupause zum Original, wie ein erinnerter Geschmack von Gouda zu dem, den ich gerade koste.

3   Materie und Material

„Aristoteles (und natürlich auch wir) stellen die Dinge sowohl dem, woraus
sie bestehen (ihrem Stoff), als auch den Eigenschaften, die sie haben, gegenüber. Aber was ist denn eigentlich ein 'Ding' außer Stoff mit Eigenschaften? Anstatt die Dinge als die primären oder grundlegenden Entitäten
und Stoff und Eigenschaften als irgendwie in ihnen enthalten oder ihnen
gehörend zu behandeln, täten wir vielleicht besser, wenn wir sagten, daß
die Wirklichkeit zunächst und im Grunde aus Stoff und Eigenschaften besteht, und daß die Rede von Dingen (im Gegensatz zu Stoff und Eigenschaften) später kommt – daß sie vielleicht von großem praktischen Nutzen
ist, aber auch nicht mehr als das."[113]

Eine Bestimmung des Materiebegriffs ist ohne einen Rekurs auf Aristoteles
kaum denkbar, da sich hier die bis heute fundamentalen Bestimmungen von
Hyle und Morphe bzw. Eidos finden.

Wie sich schnell zeigt, gibt Aristoteles verschiedene Bestimmungen
von Hyle[114] – in aller Regel übersetzt mit 'Stoff' oder 'Materie'. Für diese
Arbeit scheint vor allem eine von Bedeutung:

„Denn ich nenne Hyle das erste Substrat jedes Gegenstands, welches
nicht auf akzidentielle, sondern auf wesentliche Weise immanente Ursache
seines Werdens ist."[115]

Zum besseren Verständnis sei eine weitere Übersetzung dieses Satzes
angeführt:

....

[113] J. L. Ackrill, Aristoteles, Berlin, New York 1985, S. 51
[114] Happ spricht von drei 'klassischen' Definitionen. H. Happ, Hyle, Studien zum aristotelischen Materie-Begriff, Berlin, New York 1971, S. 296
[115] Zit. nach Happ, ebenda

„Das was von Anfang an jedem werdenden Ding zugrunde liegt, nenne ich seinen Stoff, also das, was in ihm erhalten bleibt und zwar nicht nur als Eigenschaft."[116]

Die Rede ist hier offenbar von Naturdingen; das legen die Formulierung ('Werden') und der Kontext (Vergänglichkeit bzw. Unvergänglichkeit von Hyle) nahe. Von Hyle wird, wenn ich diese Passage richtig verstehe, zweierlei gesagt: Sie ist Ursache für das Werden eines Naturdings, und sie ist in den Naturdingen wesentlich enthalten. Anders formuliert: Stoff (Materie) ist *Voraussetzung* für das Entstehen eines Naturdings *und* wesentliches Charakteristikum des Naturdings selbst. Am konkreten Beispiel: Holz und Marmor sind Hyle und das, woraus sie sich bilden. Ganz offenbar haben wir es mit einer weiteren und engeren Bestimmung von Hyle zu tun.

Das also, woraus der Baum entsteht, ist Hyle und das, was der Baum wesentlich ist.

Und das Bauholz, der zerlegte Stamm? Verwirrenderweise auch das. Die Handwerke „machen" ihren Stoff (Hyle), „die einen im strengen Sinn (von herstellen), die anderen, indem sie ihn nur brauchbar machen [...]"[117]

Nun muß sogleich von einem weiteren wesentlichen aristotelischen Begriff gesprochen werden, dem der Gestalt (morphe). Denn zur Naturbeschaffenheit der Dinge gehört nach Aristoteles nicht nur ihr Stoff, sondern auch „die Gestaltung, die Form, welche sich (von dem Ding) nicht abtrennen läßt, außer nur in Gedanken."[118] Und dieses 'Zusammen' von Stoff und Form bezieht Aristoteles nicht nur auf Naturdinge, sondern auch auf Artefakte, so daß sich allgemein festhalten läßt: Alle Dinge, ob natürlichen oder künstlichen Ursprungs, bestehen aus Stoff (Hyle) und Form (Morphe bzw. Eidos: diese beiden Begriffe werden weitgehend synonym verwendet).

....

[116] Aristoteles, Physikalische Vorlesung, (hrsg. von Dr. Paul Gohlke) Paderborn 1956, S. 57 (192a)
[117] Aristoteles' Physik (erster Halbband), Hamburg 1987, S. 61 (194a)
[118] a. a. O., S. 55 (193b)

Nun kommt allerdings noch ein weiterer Begriff mit ins Spiel. Aristoteles hat nämlich Zweifel, ob Stoff und Form/Gestalt zum Erfassen von Dingen wirklich ausreichen. Er ist sich nur sicher, daß eine der beiden Kategorien allein nicht ausreicht. So heißt es dann auch am Ende des sechsten Kapitels des ersten Buchs der physikalischen Vorlesungen:

„Daß also der Grundbaustein weder ein einziger ist, noch mehr davon als zwei oder drei vorhanden sind, ist klar. Was aber von diesen beiden gelten soll, das zu entscheiden enthält, wie gesagt, viel Schwierigkeit."[119]

Bei dem dritten Grundbaustein handelt es sich um „Steresis" (wörtliche Bedeutung 'Beraubung').

„Wenn wir beim Techne-Beispiel bleiben, so ist Hyle das Material Erz, Gold usw., Eidos die Geformtheit der Statue (z. B. 'Hermes') und Steresis der Formzustand des Materials vor der Verarbeitung. Wir würden sagen, ein 'Klumpen' oder 'Brocken' Material sei doch auch etwas Geformtes (eben 'Klumpen' oder 'Brocken'), aber Aristoteles empfindet nur das Ungeformte daran, die Negation der Form, die nach einer Ordnung, einer Form verlangt. *Diese Formerwartung des Formlosen nennt er Steresis.*[120]

Indem er nun wie beim 'gebildeten Menschen' nicht nur zum Material als solchem 'Substrat' sagt, sondern auch zur [...] Verbindung von Hyle und Steresis, d. h. zum Erzklumpen, kann er das substantielle Werden auf Substrat und Eidos gründen und darin je nachdem ('numerisch') zwei (Substrat-Eidos) oder ('wesensmäßig, der Seinsweise nach') drei Prinzipien (Hyle + Steresis – Eidos) erblicken. 'Numerisch' besagt soviel wie: 'in (der Zahl nach) zwei verschiedenen Stadien eines Werdeprozesses anzutreffen' (Klumpen – Statue). Hyle und Steresis, obwohl numerisch eins, sind 'dem Sein nach' verschieden, weil die Steresis als Negativität durch den Wer-

---

[119] a.a.O., S. 33f. (189b)
[120] Hervorhebungen von mir.

densprozeß zugrunde geht – soweit sich derartiges überhaupt formulieren läßt –, wohingegen die Hyle erhalten bleibt."[121]

Es ist nicht weiter verwunderlich, daß diese Dreierkonstruktion in den mir bekannten Interpretationsversuchen eher Verwirrung als Klarheit gestiftet hat. Denn man fragt sich natürlich, warum Aristoteles überhaupt ein Drittes einführt, da er ja mit dem Gegensatzpaar Materie/Stofflichkeit – Form/Gestalt recht gut zurechtkommen könnte.

Da ich keine völlig überzeugende Interpretation der Dreierkonstruktion und keine wirklich einleuchtende Bestimmung von Steresis gefunden habe, gestatte ich mir einen eigenen Zugriff, der für die Entwicklung meiner Gedanken sehr nützlich ist und sich, wie ich hoffe, dennoch nicht zu sehr von dem unterscheidet, was Aristoteles gedacht hat.

Trotz der verschiedenen Verwendungen von Hyle durch Aristoteles scheint mir der Hauptakzent doch auf dem zu liegen, was wir Stoff oder Materie nennen. Bei Pape[122] findet man neben anderen Bedeutungen: „Materie, woraus etwas bereitet wird".

Dagegen heben sich die Bestimmungen von Steresis durch Happ deutlich ab. Steresis wird von ihm, wie wir sahen, als „Negation der Form", „die Formerwartung des Formlosen" und „Formzustand des Materials vor der Verarbeitung" bestimmt.

Es scheint sich also bei Steresis um ein nicht einfach zu fassendes Zwischenstadium, gleichsam um einen Schwebezustand zwischen Hyle und Morphe zu handeln. Ich gehe soweit zu sagen: um das Stadium zwischen Naturform und menschlich geformtem Ding (oder Gegenstand).

Was können wir uns darunter konkret vorstellen?

Halten wir uns an ein Beispiel, das auch Aristoteles verwendet: Erz.

---

[121] H. Happ, Hyle, a.a.O., S. 289

[122] W. Pape, Griechisch-Deutsches Wörterbuch (Nachdruck der dritten Auflage), Graz 1954

Das Erz liegt in der Erde. Es ist nach Aristoteles wie alles Wirkliche geformt, aber nicht durch den Menschen, sondern durch die vielfältigen Prozesse in der Natur.

Schlägt man nun aus dem vorgefundenen Erz Stücke heraus, so geschieht dadurch eine Aneignung. Man hat die Stücke (zumindest erst einmal) dem Naturprozeß entzogen.

Sind diese Stücke nun mit Hyle oder mit Steresis zu kennzeichnen?

Vermutlich ist diese Frage, da sie eine Alternative impliziert, falsch gestellt. Denn die Erzstücke können (zumindest theoretisch) bleiben, wie sie sind, und gehen dann wieder ein in die Prozesse der Natur. Oder sie werden durch menschliche Hände weiter geformt. Im ersten Fall würden wir von Hyle, im zweiten von Steresis sprechen.

Nun kompliziert sich die Frage dadurch, daß man nach dem Status des aus dem Erz herausgeschmolzenen Metalls fragen kann. Was ist denn nun dieses Metall in 'Roh'form? Sollen wir es (noch) Hyle nennen oder ist spätestens jetzt „der Formzustand des Materials vor der Verarbeitung" (s.o.) – also Steresis – erreicht?

Ich denke, man kann in dieser Phase mit einem gewissen Recht von Steresis sprechen, da die menschliche Formung bereits die Naturform dominiert, der natürlich gegebene Stoff also seiner Naturform und seiner natürlichen Lage und Anordnung 'beraubt' ist.

Dennoch handelt es sich nicht um eine Formung im Sinne von Morphe bzw. Eidos, denn diese Begriffe zielen vornehmlich (nicht ausschließlich!) auf das fertige Ding, den fertigen 'Gegenstand'.

Ist der menschliche Formungsprozeß weit fortgeschritten, so antwortet man auf die Frage 'Was ist das?' (z. B. bei einer Stahllampe) mit einer Gegenstandsbezeichnung und vernachlässigt dabei das Material. Stellt man in der 'steretischen' Zwischenphase dieselbe Frage, so enthält die Antwort charakteristischerweise die Materialbezeichnung. Hat man zum Beispiel Stahlbarren oder Rollen aus Stahlblech vor sich, so antwortet man interessanterweise lapidar mit 'Stahl' und vernachlässigt die konkrete Form.

Auch wenn es mitunter poblematisch sein mag, rigoros zwischen Hyle und Steresis unterscheiden zu wollen, scheint es mir doch nach dem bisher Gesagten möglich zu sein, in Anlehnung an die aristotelische Begrifflichkeit und 'Systematik' eine Art dreistufiges Modell zu entwerfen.

Für die Bezeichnung der 'Stufen' schlage ich vor:
Materie
Material
vom Menschen geformtes Ding / Gegenstand[123]

Eine möglichst genaue Bestimmung dieser drei 'Ebenen' ist mir im wesentlichen aus zwei Gründen wichtig:

Zum einen ist vor allem der Material – Begriff vollkommen diffus geworden (oder war es schon seit längerem), zum anderen benötige ich für die folgenden Teile (Bauhaus-Pädagogik, Montessori-Pädagogik und Beispiele aus der Gegenwartskunst) eine praktikable und möglichst differenzierte begriffliche Grundlage.

Ich fasse und erläutere das Stufenmodell folgendermaßen:
- *Materie* – vom Menschen unbearbeiteter Naturstoff, einerlei ob er dem Bereich der belebten oder unbelebten Natur zugerechnet wird;[124] Stoff,

---

[123] Um es noch einmal zu verdeutlichen: Sowohl Naturdinge als auch (vom Menschen hergestellte) Gebrauchs- und Kunstdinge bilden nach Aristoteles eine Einheit aus Hyle und Morphe (Eidos).
Insofern wäre es nicht nur problematisch, sondern falsch, Materie mit Hyle und vom Menschen geformte Dinge mit Morphe gleichzusetzen, da Hyle und Morphe immer zusammen gedacht werden müssen.
Die Kategorie Steresis problematisiert, wenn ich es richtig sehe - sozusagen als negatives Pendant - die Allgemeingültigkeit von Morphe, nicht jedoch die von Hyle, da Dingen natürlich auch in der „steretischen Phase" Stofflichkeit zu eigen ist.
Sollte dies richtig sein, so liegt darin vielleicht ein Schlüssel, um den scholastischen und neuthomistischen Begriff Hylemorphismus zu problematisieren, da hier Steresis als Negation von Morphe/Eidos nicht berücksichtigt wird.

der in seiner Substanz, Form und Oberfläche vom Menschen nicht verändert wurde.

Beispiele: ein von Sturm und Hochwasser entwurzelter Baum, Findlinge, Kiesel- und Feuersteine, Sand, Ton, Lehm, Gewölle, Knochen und Skelette, Basaltsäulen, Erzbrocken, gediegenes Kupfer oder Gold, meteoritisches Eisen, Borke.

- *Material* – vom Menschen zugerichteter Naturstoff; das, was wir aus Materie machen, *um* etwas aus ihr zu machen. Rohstoff, also final bestimmt, Stoff, der im 'Normalfall' keinen Wert *für sich* hat, sondern nur dafür da ist, daß etwas Gegenständliches aus ihm geformt wird. Etwas Umzuwandelndes, etwas Zubearbeitendes. Also eine Art Warte- oder Schwebezustand zwischen Naturzustand und Formung – Material analog zur aristotelischen Kategorie Steresis.[125] Kennzeichnend für die finale Bestimmung sind die Wörter Werkstoff und vor allem Rohstoff: Jetzt ist es noch roh, aber bald wird etwas Hübsches daraus.

---

[124] Ich unterscheide bei der Bestimmung von Materie also nicht zwischen Stoffen organischer und anorganischer Herkunft, also beispielsweise nicht zwischen einem Stück Kalkstein, das natürliche Kräfte aus einer Wand gelöst haben, und einem Stück Fell, das sich durch natürliche Einflüsse gelöst hat.
Diese Nichtunterscheidung mag man fragwürdig finden. Ich plädiere dennoch für sie, weil der Scheidung von belebter und unbelebter Natur etwas Künstliches anhaftet.
Wenn man nämlich unter Leben nicht eine individuelle Zeitspanne, sondern den ständigen, immerwährenden Wechsel zwischen Leben und Tod versteht, dann zeigt sich zum Beispiel, daß aus Muschelschalen im Prinzip Stein wird und aus Kalkstein wieder Nahrung für Pflanzen und Tiere und uns und so fort.
Ich verstehe sehr gut, daß es Schwierigkeiten - vor allem ethisch-moralischer Art - bereitet, wenn man zwischen einem Kalksteinstück und einer lebenden Kuh nicht kategorial unterscheidet - aber ohne Zweifel transformieren auch wir wie verwitterndes Gestein zu etwas, das Grundlage ist für neues Leben, das dann wieder stirbt und so fort.
[125] Der Mensch ist das einzige Lebewesen, das Material hortet - Stoffe, die in der ökonomischen Logik nutzlos sind, wenn sie nicht zu Dingen weiterverarbeitet werden.
Mehr noch: Er ist das einzige Lebewesen, das seine eigene *Art* zu Material zu machen fähig ist: Das haben die Europäer in Nordamerika mit den Indianern praktiziert, bevor es den Deutschen vorbehalten war, im industriellen Maßstab aus Mitmenschen Material zu machen: Haare für U-Boot-Isolierungen, Häute zu Lampenschirmen.
Der Mensch ist das einzige Wesen, das aus sich selbst Material macht.

Beispiele: Holzbalken und -bohlen, Kupferplatten, Stahl-barren, Baum-woll- und Wollballen, Gesteinsquader und – platten, Häute, Filzplatten.

- *vom Menschen geformtes Ding*

Mit diesem Rüstzeug soll nun daran gegangen werden, einen genaueren Blick zu werfen auf das Materialverständnis von Johannes Itten, Laszlo Moholy-Nagy und Josef Albers (alle drei für die 'Eingangsphase' am Bauhaus zuständig), von Maria Montessori und von drei herausragenden bildenden Künstlern der Gegenwart.

3.1 Zum Materialverständnis der Bauhaus-Pädagogik

Von Beginn bis Ende gab es am Bauhaus
Weimar (1919-1925),
Bauhaus Dessau (1925-1932) und am
Bauhaus Berlin (1932-1933)
eine Art propädeutische Einrichtung, die einführen sollte in die für das
Bauhaus wesentlichen 'Lernbereiche'.

Die ursprüngliche Bezeichnung durch Itten und Gropius war
„Vorkurs", danach (spätestens ab 1923) „Vorlehre", ab 1925 dann (mit dem
Umzug des Bauhauses nach Dessau) „Grundlehre".[126]

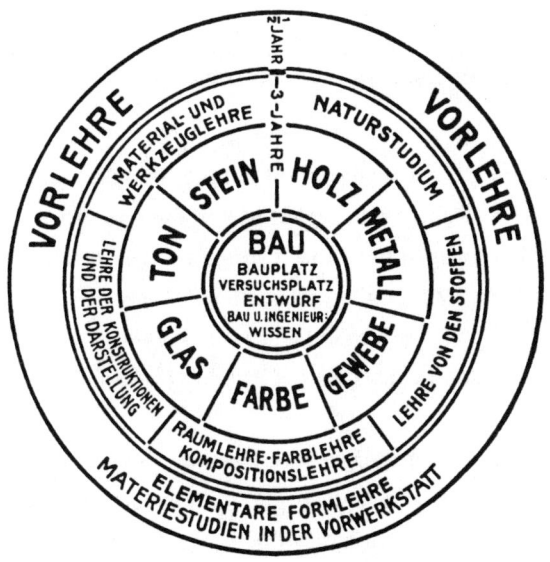

Aus: Staatliches Bauhaus Weimar, 1923, S. 10[127]

....

[126] Vergl.: H.M. Wingler, Das Bauhaus, Bramsche 1968, S. 116
[127] Die Abbildung ist entnommen: R. Wick, Bauhaus- Pädagogik, Köln 1982, S. 67

Johannes Itten (1888-1967) leitete diesen Grundkurs von Herbst 1919 bis Frühjahr 1923, Laszlo Moholy-Nagy (1895-1946) von 1923 bis zu seinem Weggang 1928, Josef Albers (1888-1976) endlich von 1923-1933[128] - von 1928 an also allein.

Eine wesentliche Rolle nahm in diesen Grundkursen die Auseinandersetzung mit 'Stofflichkeit' ein. Zentrale Begriffe waren dabei 'Material', 'Materie', 'Textur', 'Faktur' und 'Struktur'.

Was mit diesen Begriffen gemeint war, soll nun im folgenden an Hand von ausführlicheren Zitaten der drei Leiter des Grundkurses geklärt werden. Ich beginne mit Itten und ende mit Albers, was der zeitlichen Abfolge entspricht.

3.1.1 Zum Materialverständnis von J. Itten

„Am Bauhaus ließ ich zur taktilen Beurteilung der verschiedenen Texturen lange chromatische Reihen von realen Materialien anfertigen. Die Schüler mußten diese Texturfolgen mit den Fingerspitzen bei geschlossenen Augen erfühlen. Nach kurzer Zeit verbesserte sich das Tastgefühl in erstaunlichem Grad. Darauf ließ ich Texturmontagen aus kontrastierenden Materialien machen. Es entstanden phantastische Gebilde von damals völlig neuartiger Wirkung.

Bei der Lösung dieser Aufgabe gerieten die Studierenden geradezu in ein Gestaltungsfieber. Sie begannen die Schubladen der sparsamen Großmütter, Küchen und Keller zu durchstöbern, sie durchsuchten die Werkstätten der Handwerker und die Abfallhaufen der Fabriken und Bauplätze. Die ganze Umwelt wurde neu entdeckt, rohe Hölzer und Hobelspäne, Stahlwolle, Drähte, Schnüre, poliertes Holz und Schafwolle, Federn, Glas und

---

[128] Vergl.: Wick, a.a.O., S. 161f.

Stanniolpapier, Gitter und Geflechte aller Art, Leder, Pelze und glänzende Konservenbüchsen. Manuelle Fähigkeiten wurden entdeckt und neue Texturen wurden gefunden."[129]

Was versteht Itten hier unter 'Materialien'? Die Palette reicht von Federn, Leder und Pelzen bis zu Gittern und glänzenden Konservenbüchsen. Ein Blick auf die in Ittens Kursen entstandenen Arbeiten[130] bestätigt, daß dies alles auf nicht uninteressante Weise zusammengefügt wurde. Es handelte sich um die Eroberung von Gegenstandsbereichen, die der bildenden Kunst bis dahin weitgehend verschlossen gewesen waren. Dazu kam die intensive Einbeziehung des Tastsinns, die empfänglich und sensibel machen sollte für feinste taktile Differenzen und dadurch auch helfen sollte, die zeichnerischen Fähigkeiten zu verbessern.

Ein fundierter Materialbegriff jedoch lag diesen Übungen und Arbeiten allem Anschein nach nicht zu Grunde: Aus der oben wiedergegebenen Aufzählung erhellt, daß es sich um sehr Verschiedenes handelte: um Materie (Federn), Material (Leder) und um von Menschen geformte Dinge (Konservenbüchsen). Material war – um es salopp zu sagen – im Grunde alles, was man in die Hände bekommen konnte, und so ist nicht weiter verwunderlich, daß Itten zwischen den von ihm verwendeten 'Begriffen' 'Material' und 'Materie' nicht weiter unterschied.

Da bekannt ist, daß Itten in anderen Bereichen durchaus zu Systematisierungen, sogar sehr strengen, fähig war, kann eigentlich nur davon ausgegangen werden, daß ihm die Frage der Stofflichkeit – abgesehen von haptischen, spielerisch 'künstlerischen' und pragmatisch handwerklichen Aspekten – nicht weiter am Herzen lag.

....

[129] Johannes Itten, Mein Vorkurs am Bauhaus, Ravensburg 1978, S. 34
[130] a.a.O., S. 35-43

3.1.2 Zum Materialverständnis von Moholy-Nagy

Es folgt ein Zitat, in dem wesentliche Bestimmungen von Moholy-Nagy zum 'Materialitätskomplex' wiedergegeben sind:

„Struktur bezeichnet nach Moholy „die unveränderbare Aufbauart des Materialgefüges", also den inneren Gefügezusammenhang des Materials.

Textur nennt Moholy „die organisch entstandene Abschlußfläche jeder Struktur nach außen", er spricht auch von „Epidermis, organisch".

Faktur, abgeleitet aus dem lateinischen 'facere = machen', ist nach Moholy „die Art und Erscheinung, der sinnlich wahrnehmbare Niederschlag (die Einwirkung) des Werkprozesses, der sich bei jeder Bearbeitung am Material zeigt. Also die Oberfläche des von außen her veränderten Materials (Epidermis, künstlich)".[131]

Moholy unterscheidet also drei Aspekte[132] von Material (das Wort Materie verwendet er im Gegensatz zu Itten und Albers nicht):

1. Struktur = chemisch-physikalischer Aufbau, letztenendes also das Atom- bzw. Mollekulargefüge.

   Als Beispiel dient die Makroaufnahme einer Kupferplatte.[133] Bereits hier sei angemerkt, daß Struktur in dieser Bedeutung sinnlich nicht erfahrbar ist.

2. Textur = äußere, organisch entstandene 'Hülle' jeder Struktur.

   Als Beispiel dient das Foto einer Katze, auf dem deren Fell sehr deutlich zu erkennen ist.[134]

---

[131] Moholy-Nagy, zit. nach: Rainer Wick, Bauhaus-Pädagogik, Köln 1982, S. 138f.

[132] Für Moholy gibt es noch einen vierten Materialaspekt, den er „Häufung" nennt. Dem wird hier nicht weiter nachgegangen, um die ohnehin schwierige Rekonstruktion der drei Begriffe nicht noch weiter zu komplizieren. Im übrigen haben die Bestimmungen von „Häufung" Affinitäten zu dem, was er mit „Faktur" zu fassen sucht.

[133] s. Wick, a.a.O., S. 138

[134] a.a.O., S. 139

3. Faktur = künstliche 'Hülle' eines Materials, wobei die Oberfläche durch Natureinflüsse oder durch menschlich- technische Eingriffe verändert worden sein kann.

Als Beispiel gibt Moholy zwei Fotos, auf denen von Schädlingen durch-bohrte Ulmenrinde bzw. zerfressenes Fichtenholz abgebildet ist.[135]

Diese Dreiteilung ist schwer nachzuvollziehen. Dadurch daß er sich beim Strukturbegriff die Betrachtungsweise des neuzeitlichen Naturwis-senschaftlers zu eigen macht, kann er zwischen Materie und Material nicht unterscheiden, da ja der physikalisch-chemische Aufbau bei allen Wand-lungen grundsätzlich gleich bleibt. Wenn er Textur bestimmt als „die *or-ganisch* [Hervorh. M.D.] entstandene Abschlußfläche jeder Struktur" (s.o.), widerlegt er damit im Grunde sein Bildbeispiel für das, was er unter Struk-tur zu fassen sucht, denn die Oberfläche einer Kupferplatte ist eben nicht organisch entstanden. Und es drängt sich natürlich die Frage auf, was die *Struktur* einer Katze sein könnte, da ihr Fell als Textur-Beispiel herhalten muß.

Die Katze hat ein Fell = Die Struktur hat eine Textur.

Die Kupferplatte hat eine Oberfläche = Die Struktur hat eine Textur.

Katze und Kupferplatte = Struktur; Katzenfell und Oberfläche einer Kupferplatte = Textur.

Ein Kieselstein hat eine Oberfläche = Die Struktur hat eine Textur.

Oder geht das Kieselsteinbeispiel fehl?

Denn es gibt ja noch den (dritten) Begriff Faktur, zu dessen Bestim-mung das Wort Werkprozeß auftaucht. Es fällt auf, daß Moholy grundsätz-lich keine Unterscheidung trifft zwischen menschlichen und natürlichen Einflüssen: Es macht für ihn keinen Unterschied, ob eine Oberflächenver-änderung durch Maschinen oder durch Holzfresser (also im allgemeinen:

....

[135] a.a.O., S. 139

Zuckerfresser) zustandekommt. Aber sind Wasser, Wind, Frost und Hitze auch Initiatoren von 'Werkprozessen'?

Selbstverständlich heben sich Makroaufnahmen eines technisch hergestellten Stücks Kupferblech von Aufnahmen des Fells einer Katze und von zerstörtem Holz und zerlöcherter Borke voneinander ab. Aber was ist damit gewonnen?

Man könnte meinen, es handelte sich um eine phänomenale Betrachtungsweise. Dagegen spricht jedoch das Eindringen in Bereiche, die uns durch unsere Sinne nicht zugänglich sind.

Es ist, als rede da einer, der den Kontakt zur sinnlich erfahrbaren Welt weitgehend verloren hat. Und dies liegt vor allem an Moholys Fixiertheit auf das Medium Fotografie, was Wick im Grunde noch sehr vorsichtig formuliert:

„Die Fotografie [...] erweist sich so als ein in hohem Maße abstrahierendes Medium, das die spezifischen Eigenschaften der Dinge gleichsam einebnet und die Differenz zwischen Naturvorgang und menschlichem Arbeitsprozeß gewissermaßen aufhebt."[136]

Nichts scheint Moholy mit tatsächlichen Naturprozessen zu verbinden, mit dem, was organisch *in* Pflanzen und Tieren geschieht, mit dem, was in Naturprozessen *mit* Pflanzen und Tieren geschieht. Und schon gar nicht scheint ihn zu interessieren, welche faktische Rolle der Mensch bei der Aneignung von Materie einnimmt: das Verhältnis Mensch-Natur gerät nicht in sein Blickfeld. Wird aber zwischen natürlichen und technisch-zivilisatorischen Prozessen nicht differenziert, werden wesentliche theoretische Fragen ausgeklammert – was bleibt, sind Ordnungsversuche auf der Ebene fotografischer Abbildungen.

Die Frage, wie sich technisch-zivilisatorische Prozesse in Einklang bringen lassen mit den vielfältigen natürlichen Kreisläufen, scheint weder ihn noch die meisten anderen Bauhaus-Lehrer sonderlich interessiert zu

---

[136] a.a.O., S. 139

84

haben. Was von ihnen Material oder Materie genannt wurde, schien für sie wie selbstverständlich vorhanden gewesen zu sein.

Aus *heutiger* Sicht ist die Betrachtungsweise von Moholy erschreckend borniert und erinnert in vielem an den ahistorischen, alle gesellschaftlichen Probleme verdrängenden Blick des bornierten Naturwissenschaftlers: Ob man die Welt auf chemische oder physikalische Formeln oder auf das reduziert, was sich einem fotografischen Negativ einprägt, ist kein wesentlicher Unterschied.

3.1.3 Zum Materialverständnis von J. Albers

Sehen wir abschließend, wie Albers mit den hier diskutierten Begriffen umgeht:

„Mehr formale Arbeitsgebiete und freie Gestaltungsmöglichkeiten eröffnen uns die sogenannten Materieübungen. Sie wechseln innerhalb des Semesters wiederholt mit den vorhin behandelten Arbeiten, den Materialübungen. Die Materieübungen gehen weniger von den inneren Energien der Werkstoffe aus, sie nutzen ihre äußere Erscheinung aus. Wie Farbe zu Farbe Beziehungen bildet, so nehmen die daktylisch[137] und optisch notierten Oberflächen-Formen Beziehungen auf.

Wir klassifizieren die Erscheinungen der Werkstoff-Epidermis als wesentlich unterschieden in Struktur, Faktur und Textur. [...] Das systematische Ordnen an Materie-Reihungen in auf- oder absteigender Stufung zwischen zwei Polaritäten sensibilisiert für engste Gradunterschiede und mildeste Übergänge. (Tastaturleitern von hart zu weich, glatt zu rauh, warm zu kalt oder kantenfest zu amorph, poliert-glatt zu klebend-saugend. Optische Materie-Leitern, zum Beispiel eng – weitmaschig, durchsichtig – durchscheinend – undurchsichtig, klar – trübe – dicht.)

Die gemeiname Besprechung der Übungsergebnisse nach Materie- und Materialaufgaben erzielen ein genaues Beobachten und neues Sehen."[138]

In der Anmerkung zum vorletzten Absatz („dicht") heißt es:

„Das Wort „Struktur" bezeichnet jene Eigenschaften der Oberfläche, die erkennen lassen, wie das Rohmaterial wächst oder sich bildet, zum Beispiel: die Maserung des Holzes oder die zusammengesetzte Struktur des Granits. „Faktur" bezieht sich auf die Eigenschaften, die zeigen, wie das Rohmaterial technisch behandelt wurde, zum Beispiel: die gehämmerte

....

[137] Offenbar ein anderes Wort für 'haptisch' oder 'taktil' – Daktylus = Finger
[138] J. Albers in: Bauhaus Weimar, 1919-1925; Dessau, 1925-1928, hrsg. v. H. Bayer, W. Gropius, I. Gropius, Stuttgart 1955, S. 116f.

oder polierte Oberfläche von Metall, die gewellte Oberfläche von Wellpappe. „Textur" ist ein allgemeiner Ausdruck, der sich sowohl auf „Struktur" wie auf „Faktur" bezieht, aber nur, wenn beide vorhanden sind. Zum Beispiel zeigt die „Textur" von poliertem Holz sowohl die „Struktur" (Maserung) als auch die „Faktur" (Politur)."[139]

Zwei Dinge können festgestellt werden:

Albers unterscheidet im Gegensatz zu Itten und Moholy strikt zwischen Materie und Material, und er verwendet wie Moholy die Begriffe Struktur, Faktur und Textur – allerdings in ganz anderer Weise.

Worauf sich Struktur bezieht, bleibt letztenendes unklar. Das Beispiel Granit leuchtet ein – hier denkt man am ehesten an Materie in unserem Sinne (z. B. an einen Findling oder an im Gebirge vorfindbares Gestein). Wie er allerdings an der Oberfläche (!) eines Baumstamms die Maserung feststellen will, bleibt unerfindlich – er denkt ja wohl kaum an zerfallenes Holz im Wald, also an Materie in unserem Sinn. Und: Kann man formulieren, daß „Rohmaterial wächst"? Kann Rohmaterial wachsen? Oder faßt er unter Struktur das, was man an Holz im Sägewerk zu sehen bekommt? Offenbart das grobe Aufsägen von Stämmen vielleicht etwas, das er Struktur nennt, um es gegen andere, eher 'feinere' Bearbeitungsformen abzusetzen, gegen das, was er mit Faktur zu bestimmen sucht?

Faktur in Albers Sinn soll jedenfalls die technische Behandlung eines Materials bezeichnen, z. B. Polieren und Hämmern.

Textur endlich beides, sofern Struktur und Faktur zusammenkommen.

Wie bei Moholy drängt sich der Eindruck auf, daß Albers sehr weit von Naturprozessen und allen groben schweißtreibenden Arbeitsvorgängen entfernt ist, nicht nur physisch, sondern auch geistig.

....

[139] J. Albers, a.a.O., S. 118

Wenn man allerdings über Stofflichkeit erst nachzudenken beginnt, wenn einem das Material sozusagen frei Haus geliefert wird, kann man das, was Albers zu meinen scheint, ohne Schwierigkeiten nachvollziehen:

Ahornbohlen werden angeliefert, und man erkennt die Maserung des Holzes – Struktur.

Man läßt die Bohlen ins Haus schaffen, läßt sie säumen und hobeln – Faktur.

Es wird etwas aus den Bohlen gebaut. Wenn es fertig ist, wird es fein geschliffen und lackiert; sowohl Struktur (Maserung) als auch Faktur (technische Behandlung) sind erkennbar – Textur.

Nun gut, man kann das so sehen. Aber vor den Ahornbohlen war noch etwas: Bäume – das Fällen, das grobe Zusägen. Es gibt eine Faktur vor Albers Faktur, und es gibt eine Textur vor Albers Textur. Man braucht sich um die Prozesse *vor* der Zurichtung zum brauchbaren „Werkstoff" (ein in der Bauhaus- Pädagogik häufig auftauchendes Wort) nicht zu kümmern. Aber bei einer solchen Verfahrensweise wird man nur einen kleineren Teil dessen, was verstehbar ist, verstehen.

Zur Unterscheidung von Material und Materie:

Offenbar geht es bei den Materialstudien hauptsächlich um technisch – konstruktive Aspekte, bei den Materiestudien hauptsächlich um die sinnlich erfahrbaren, vor allem haptischen und optischen Aspekte.

Hierüber muß man stolpern, denn sollten wir bei Materie an vom Menschen unbearbeiteten Naturstoff denken, liegt man, wie bereits angedeutet, grundfalsch. Sieht man sich Abbildungen zu den Materieübungen an, so fällt auf, daß es sich niemals um Materie in unserem Sinne handelt, sondern um Material.

Aber nicht nur das: Offenbar haben sich auch *Dinge* hinzugesellt, ein Stück Fliegendraht, ein Knäuel Hanffaden, ein Ziegelstein, ein Stück lakkiertes Holz.[140]

Die offenbar zahlenmäßig überwiegenden Materialstudien zeigen dagegen in erster Linie strenge Arbeiten aus Papier. Hier ging es vor allem um die Entwicklung von Material- und Arbeitsökonomie, was Albers sehr wichtig war.[141] Selbstverständlich kann man die Qualitäten von Materialien differenzieren, kann zwischen den haptisch-optischen und den technisch-konstruktiven Aspekten unterscheiden. Dies jedoch mit den Begriffen Materie und Material zu tun, ist mehr als fragwürdig. Jedes Material (in unserem Sinn) hat eine ganze Anzahl von Qualitäten. Um sie voneinander zu unterscheiden, ist es nicht notwendig, den Materiebegriff zu bemühen. Eine derartige Scheidung klärt nichts, sondern verwirrt nur.

3.1.4 Draufsicht: Materie, Material und (vom Menschen) geformte Dinge am Bauhaus

In Kurzform läßt sich festhalten:

Itten verwendet die Begriffe Material und Materie weitgehend synonym, Moholy spricht nur von Material, und Albers führt eine verwirrende Trennung von Materie und Material ein.

Da von der Bauhaus-Pädagogik weder ein fundierter Materie- noch Materialbegriff entwickelt wurde, verwundert es nicht weiter, daß weder

---

[140] Das mag nun sehr streng anmuten. Aber wie antworten wir angesichts eines Stücks Fliegendraht, eines Hanfknäuels, eines Stücks gebrannten Tons, eines lackierten Holzstücks? Nicht mit „Eisen", „Hanf", „Ton" und „Holz", sondern mit Gegenstandsbezeichnungen.

[141] s. dazu Wick, a.a.O., S. 167ff.

zwischen Materie und Material noch zwischen Material und vom Menschen geformten Ding klar unterschieden werden konnte.

Allerdings war das Bauhaus bei allen intellektuellen, handwerklichen und sonstigen Ansprüchen weder eine Kunstschule im herkömmlichen Sinne noch eine 'Denkschule'. In erster Hinsicht ging es um die qualifizierte Ausbildung von Architekten und Designern, wobei die freie Kunst, je länger das Bauhaus bestand, immer stärker an Bedeutung verlor. Die oben behandelten Übungen (Tastübungen, „Material"- und „Materie"-Kombinationen) waren *Mittel*, um vor allem zwei *Zwecke* zu erfüllen: die Steigerung der zeichnerischen Fertigkeiten und die Verfeinerung des Materialgefühls:

Jeder Architekt und Designer muß zeichnen und ein differenziertes Gefühl für „Bau"- bzw. „Werkstoffe" entwickeln. Insofern war die Ausbildung am Bauhaus nur konsequent. Der größere, übergeordnete Kontext jedoch, die Beziehung zwischen Mensch und Natur, geriet kaum ins Blickfeld, die Stoffe und Dinge wurden sozusagen nicht auf ihre Geschichte hin befragt: Wo kommen sie her? Ist menschliche Arbeit in sie eingegangen? Was geschieht während der Herstellung bzw. Zurichtung der „Werkstoffe" usf.?

Wäre man so vorgegangen, hätten sich andere Fragen aufgetan. Vor allem hätte sich die Unterscheidung zwischen natürlichen und technisch-zivilisatorischen Prozessen geradezu aufgedrängt. Wie wir sahen, ist es etwas anderes, ob man mit Treibholz arbeitet oder mit Balken, mit vorfindbaren Erzbrocken oder mit Kupferplatten, mit Hornissenbauten oder Kunstwaben. Sofern am Bauhaus überhaupt mit Materie (in unserem Sinn) gearbeitet wurde, geschah dies offenbar ohne das Bewußtsein, es mit einem anderen Gegenstandsbereich zu tun zu haben.

Unklarheiten bestanden im übrigen nicht nur in der Frage *Materie* und *Material*, sondern auch in der Frage *Material* und *Gegenständlichkeit* (= vom Menschen geformte Dinge). Auch hier wurde nicht präzise unterschieden. Wenn man wie Itten „[...] Wolle, Seide, Gewobenes, Gehäkeltes,

Gehämmertes, Gefeiltes, Marmoriertes, Pelz, Glas, Bürste, [...] Leder, Holz, Fleisch, Gitter, Rad, Haar, Stein"[142] in eine 'Materialkiste' wirft, dann hat man es mit einem Sammelsurium zu tun, das sich allenfalls unter kunstimmanenten Aspekten (Farbigkeit, Anmutung, Tasteindruck etc.) zusammenhalten läßt. Und Itten unterscheidet sich in diesem Punkt nicht von seinen Kollegen: Bei Moholy und Albers lassen sich ähnliche, wenn auch nicht so krasse Beispiele finden.

Abschließend läßt sich sagen, daß es am Bauhaus kein begrifflich-systematisch durchdachtes 'Materie-Material-Konzept', kein intensives Nachdenken über den Komplex *Mensch-Natur* und deswegen auch keine *Ansätze* für ein ökologisches Denken gab. Ich halte es für denkbar, daß die Ausklammerung all der damit zusammenhängenden Fragen dazu beigetragen hat, daß es im architektonischen Bereich zu den sattsam bekannten negativen Entwicklungen gekommen ist, die erst seit etwa 20 Jahren langsam überwunden werden. Interessant ist beispielsweise, daß über die physisch-psychische *Wirkung* verschiedener Materialien kaum nachgedacht, geschweige denn geforscht wurde, obwohl doch, zumindest im taktilen und visuellen Bereich, großer Wert auf Sinnesübungen gelegt wurde.

---

[142] Itten bei Wick, a.a.O., S. 92

3.2   Zum Materialverständnis der Maria Montessori

Zunächst einmal kann festgestellt werden, daß der Material-Begriff bei Maria Montessori (1870-1952) sehr allgemein ist. Von Material ist im Zusammenhang mit Mathematik, Erdkunde und kosmischer Erziehung ebenso die Rede wie im Zusammenhang mit den einzelnen Sinnesbereichen. Der Oberbegriff für alle Materialien ist offenbar „Entwicklungsmaterial"[143].

Ich werde mich im folgenden mit dem sogenannten „Sinnesmaterial"[144] beschäftigen, speziell mit dem, das mit dem Tast- und Muskelsinn zu tun hat.

Ich beginne mit einem Zitat:

„Unser Material für die Entwicklung der Sinne hat seine eigene Geschichte. Es stellt eine Auswahl dar: Sie basiert auf sorgfältigen psychologischen Versuchen mit dem von Itard[145] und Seguin benutzten Material bei ihren Bemühungen, schwachsinnige und geistig zurückgebliebene Kinder zu erziehen; auf den zu Versuchen in der Experimentalpsychologie verwendeten Gegenständen und auf einer Reihe von Materialien, die ich während der ersten Zeit meiner Versuchsarbeit bestimmt hatte."[146]

Es läßt sich festhalten: Das ‚Sinnesmaterial' stellt eine Auswahl dar und geht zurück auf Versuche von Itard und Seguin mit schwachsinnigen und geistig gestörten Kindern und auf eigene Versuche Motessoris.

....

[143] s. Maria Montessori, Die Entdeckung des Kindes, Freiburg – Basel – Wien, 1987 (1969), S. 112

[144] Montessori, a.a.O., S. 127

[145] Jean Itard (1774 – 1838), französischer Arzt und Pädagoge, „wurde bekannt durch seine Ansätze zu einer auf der Schulung der Sinne basierenden Erziehungsmethodik für geistig behinderte Kinder" (Brockhaus Enzyklopädie, 19. Aufl.). Seine Aufzeichnungen zum „Wilden von Aveyron" („Victor von Aveyron") dienten Francois Truffaut als Vorlage zu seinem berühmten Film „Der Wolfsjunge".
Vergl. dazu: L. Malson, J. Itard und O. Mannoni, Die wilden Kinder, Frankfurt/M. 1972

[146] Montessori, a.a.O., S. 112

„Um Mißverständnisse zu vermeiden und die Kritik zu widerlegen, die
geäußert wurde, nachdem unsere Methode in der ganzen Welt bekannt war,
ist es vielleicht auch angebracht, den Zweck unserer Sinneserziehung zu
fixieren. Der naheliegende Wert einer Erziehung und Verfeinerung der Sinne gibt durch die Erweiterung des Feldes der Wahrnehmungen eine immer
zuverlässigere und reichhaltigere Grundlage für die Entwicklung der Intelligenz."[147]

Offenbar hält Montessori es für notwendig, sich gegen Mißverständnisse zu schützen, und betont deswegen, daß es keinesfalls allein um
Sinnesschulung, sondern mindestens ebensosehr um die Grundlagen geht,
auf der sich die Intelligenz entwickeln kann.

„Gewöhnlich wurde aufgrund der ihr in unserer Methode zugesproche-
nen Bedeutung die Sinnesbildung als erstes Ziel angesehen. In Wirklichkeit
ist das zweite Ziel für uns nicht von geringerer Bedeutung, sondern vielmehr sein Hauptmotiv."[148]

Mit anderen Worten: Die Sinnesschulung ist nicht über-, sondern untergeordnet. Worin besteht nun dieses „zweite Ziel"?

„Das Kind ist reif, seine eigene Umgebung und den inneren Reichtum
an Eindrücken, den sie ihm gegeben hat, neu zu entdecken. Um dieses Bedürfnis zu erkennen, braucht das Kind eine exakte wissenschaftliche Führung, wie sie durch unsere Ausstattung mit Anschauungsmaterial und unsere Übungen ermöglicht wird. Es läßt sich mit dem Erben vergleichen, der
nicht weiß, wie groß seine Schätze sind und nun sehnsüchtig ihre Bewertung durch Heranziehung eines Fachmannes, ihre Katalogisierung und ihre
Einordnung erwartet, damit sie ihm sofort voll und ganz zur Verfügung stehen."[149]

....

[147] Ebenda
[148] a.a.O., S. 113f.
[149] a.a.O., S. 113

Nun ist endgültig klar, wo Montessori ihre Prioritäten setzt: Entgegen landläufiger Meinung steht nicht die Sinneserziehung im Vordergrund, sondern die Entwicklung der Intelligenz. Gefördert werden soll sie dadurch, daß das Kind das, was es bereits aufgenommen hat, neu entdeckt, und zwar nicht irgendwie, sondern mit Hilfe einer „exakte(n) wissenschaftliche(n) Führung". Eine Art Fachmann soll das Kind zur „Katalogisierung" und „Einordnung" der eigenen Erfahrungen befähigen. Das Alter der Kinder, die hier gemeint sind, wird mit „zweieinhalb oder dreijährig"[150], an anderer Stelle mit „drei und vier Jahren"[151] angegeben.

Werfen wir nun einen genaueren Blick auf die „Materialien", die Montessori für den haptisch – kinästhetischen Sinnesbereich entwickelt hat.

Montessori stellt einleitend ihr grundsätzliches methodisches Vorgehen klar: „Das Verfahren ist mit *ganz wenigen, untereinander kontrastierenden Reizen* zu beginnen; danach ist eine *Anzahl gleicher Gegenstände von unterschiedlicher, und zwar immer feiner und weniger merkbar werdender Abstufung* festzulegen."[152] Darüber hinaus wird zweierlei vorgegeben:

Erstens sollen sich die Tastübungen auf die Fingerspitzen beschränken, obwohl die Fingerspitzen, wie Montessori richtig schreibt, nur einen kleinen Teil der Epidermis bilden[153]; zweitens solle bei geschlossenen Augen getastet werden, um die Konzentration zu erhöhen[154].

Im einzelnen geht es bei den verschiedenen „Materialien" um

Oberflächen-,

Temperatur- und

Gewichtsempfindungen.

[150] Ebenda

[151] Maria Montessori, Das kreative Kind, Freiburg-Basel- Wien, 1989 (1972), S. 165

[152] Montessori, Die Entdeckung des Kindes, S. 127

[153] vergl. Montessori, a.a.O., S. 128

[154] vergl. Montessori, a.a.O., S. 129

Zunächst zu den Oberflächentastungen:

„Das Material für die erste Vorführung besteht aus:

a) einem besonders langen, rechteckigen Holzbrettchen, das in zwei gleich-
großе Rechtecke unterteilt ist, von denen das eine mit ganz glatter Pappe,
das andere mit Glaspapier bedeckt ist;

b) einem gleichen Brettchen wie das vorige, jedoch mit Streifen, die ab-
wechselnd aus glattem und aus Glaspapier sind;

c) einem gleichen Brettchen, auf das Glas- und Sandpapier in immer feiner
werdenden Abstufungen aufgeklebt sind;

d) einem Brettchen, auf dem Papiersorten gleicher Form, doch verschiedener Glätte aufgeklebt sind, vom Pergament bis zum ganz glatten Karton
des ersten Brettchens."[155]

Montessoris systematischer Geist ist nicht zu verkennen: Bei a) haben wir
es mit *einem* Gegensatzpaar, bei b) mit mehreren Gegensatzpaaren, bei c)
mit der Differenzierung eines Gegensatzpaares und bei d) sozusagen mit
einer weiteren Differenzierung der Differenzierung zu tun, insofern als die
Stufen dichter beieinander liegen als bei c).

Folgerichtig schreibt Montessori: „Neben der Vorbereitung der Hand
auf leichtes Berühren dienen diese Brettchen, auf denen die verschiedenen
zu betastenden Gegenstände befestigt sind, auch dazu, *die ersten Unterschiede systematisch wahrzunehmen* [Hervorh. M.D.)."[156]

Nun existieren nahezu alle von Montessori beschriebenen „Materialien"
auch realiter und zwar nicht als Unikate, sondern als Serien, die heutzutage
von verschiedenen Vertriebsfirmen zum Verkauf angeboten werden. Auto-
risierter Hersteller ist die holländische Firma Nienhuis.

Es schien mir lohnend, bei allen in dieser Arbeit behandelten Montessori – „Materialien" auch der Frage nachzugehen, ob es Abweichungen ge-

....

[155] a.a.O., S. 129
[156] a.a.O., S. 130

genüber den ursprünglichen Beschreibungen gibt. Die von Montessori beschriebenen Brettchen (s.o.) sehen heute folgendermaßen aus:

„Drei Holzbrettchen (24 × 12 cm), die teilweise mit Sandpapier bezogen sind. Die freigebliebenen Stellen sind glatt lackiert. Das erste Brettchen ist in zwei gleichgroße Quadrate aufgeteilt, das zweite in neun Streifen, das dritte ebenso, jedoch mit Sandpapier in unterschiedlicher Qualität beklebt."[157]

Verändert hat sich also dreierlei:

Es sind jetzt drei Holzbretter statt vier, beim ersten Brett handelt es sich um Quadrate statt um Rechtecke und was der Beschreibung nach Pappe bzw. Papier sein sollte, ist jetzt glattlackiertes Holz. Die wichtigste Veränderung besteht also im Fehlen des Brettchens mit den verschiedenen Papiersorten, welches die stärksten Differenzierungen beim Tasten erforderte. Davon abgesehen ist das „Material für die erste Vorführung" (s.o.) im wesentlichen gleichgeblieben.

Die nächsten Tast – „Materialen" bestehen aus

„a) glattem Papier in verschiedenen Abstufungen,

b) abgestuftem Sandpapier,

c) verschiedenen Stoffen.

Mit diesem Material wird die übliche Technik angewandt, die Gegenstände einer Reihe werden also gemischt, wobei einmal Paarungen, ein anderes Mal Serien gesucht werden.

Die paarweise gleichen *Stoffe* [Hervorh. M.D.] sind in einem besonderen kleinen Schrank untergebracht, der Samt, Seide, Wolle, Baumwolle,

[157] „Original-Montessori-Material" in: Wehrfritz – Katalog; Einrichtung und Ausstattung von Kindergarten und Schule; Handbuch 1992 für den Elementarbereich. Wehrfritz GmbH, 96476 Rodach bei Coburg, Postfach 1107

Leinen, Voile usw. enthält, also *Stoffe, deren Namen die Kinder lernen können* [Hervorh. M.D.].“[158]

Die wesentliche Veränderung gegenüber dieser Beschreibung besteht wie oben im Fehlen der Papierserie. Ganz im Sinne Montessoris handelt es sich bei b) um „10 Brettchen (12 × 9 cm), die paarweise mit verschieden eingefärbtem Sandpapier in 5 Abstufungen beschichtet sind. Das Kind muß die Brettchen betasten und paarweise zuordnen. Außerdem kann es eine geordnete Reihe von fein bis rauh legen.“[159]

Was unter c) genannt ist, die Stoffe also, wurde 1992 neu in das Montessori-Material-Angebot aufgenommen:

„Über den Tastsinn lernen die Kinder verschiedene Stoffqualitäten, die sich im Kasten befinden, erkennen. In den Kasten werden verschiedene Stofflappen, die immer paarweise gleich sind, wie z.B. Baumwolle, Wolle, Jute, Seide, Leder oder synthetische Stoffe hineingelegt. Die Stoffe unterscheiden sich in Material, Qualität, Farbe oder Muster.

Die Kinder suchen mit verbundenen Augen die Stoffpaare durch Tasten heraus. Eine weitere Übung ist das damit verbundene Benennen der einzelnen Stoffe.“[160]

Zwei Dinge fallen ins Auge: Zum einen hat sich gegenüber Montessoris Beschreibung Leder (und synthetisches Material) zu den Stoffen gemogelt, zum anderen, und dies wiegt wohl schwerer, taucht im Kontext der Tast – „Materialien“ zum ersten und zugleich letzten Mal die Frage der Bennenung, der Namen von Stoffen auf. Hierauf wird sonst keinerlei Wert gelegt (z. B. auch bei Eisen, Holz und Marmor nicht), und man fragt erstaunt nach dem Warum. Ob es vielleicht mit der traditionell weiblichen Präferenz für Stoffe zu tun hat?

---

[158] Montessori, a.a.O., S. 130
[159] Wehrfritz-Katalog, a.a.O., S. 530
[160] a.a.O., S. 531

Damit sind die „Materialien" vorgestellt, die Montessori für die differenzierte Wahrnehmung von Oberflächen entwickelt hat. Es kann festgehalten werden, daß die heute erhältlichen Serien im wesentlichen den Beschreibungen Montessoris entsprechen, wenn man davon absieht, daß Papier und Pappe – aus welchen Gründen auch immer – fehlen und Leder ins heutige Angebot der Stoffe aufgenomen wurde.

Es folgt das „Material" zur Differenzierung der Temperaturempfindungen:
„Für diese Übung benutze ich verschiedene, hermetisch verschlossene kleine ovale Metallbehälter. Ich halte Wasser bei einer konstanten Temperatur (75 Grad) und schütte es in einer sich graduell veränderten Menge in alle Behälter, die ich mit kaltem Wasser von 15 Grad auffülle; oder aber ich bereite paarweise gleiche Behälter vor. [...]
Eine Serie unterschiedlicher Wärmeleiter – wie Holz, Filz, Glas, Marmor, Eisen – dient für empfindlichere Übungen."[161]
Wie sieht dieses „Material" heutzutage aus? Aus den ovalen Metallbehältern sind kleine Thermosflaschen (9,5 cm hoch, Durchmesser 4 cm) geworden, acht an der Zahl in einem verschließbaren Holzkasten. Die Versuche bzw. Übungen (bei „in einer sich graduell veränderten Menge" (s.o.) handelt es sich offenbar um einen Druckfehler) folgen exakt Montessoris Beschreibung. Aus Montessoris „Serie unterschiedlicher Wärmeleiter" (s.o.) ist ein Holzkasten (ein sogenannter „Wärmesinn – Kasten"[162]) mit vier Fächern geworden, in denen sich den Angaben des Vertreibers Wehrfritz nach jeweils zwei 8 × 4 cm große Täfelchen aus „Holz, Metall, Stein und Filz"[163] befinden.
Hier ist es nun mit der sonst an den Tag gelegten Genauigkeit in der Befolgung von Montessoris Vorgaben vorbei: Nicht nur fehlt Glas, sondern

----

[161] Montessori, a.a.O., S. 130f.
[162] a.a.O., S. 530
[163] Ebenda

auch die Benennung der Metall- und Steinsorte. Neugierig geworden, habe ich mir einen solchen Wärmesinn – Kasten schicken lassen und folgendes festgestellt: Das Holzstück stammt von einer Buche, beim Metall handelt es sich gemäß Montessoris Beschreibung tatsächlich um Eisen bzw. Stahl, Filz ist Filz – aber das Steinstück?

Es schien mir kein Marmor zu sein, und so fragte ich bei Wehrfritz' Hauptsitz und der Bestellstelle telefonisch nach. Beim Hauptsitz teilte man mir nach mehreren Nachfragen mit, es handele sich um Marmor. Tage später allerdings bekam ich einen Anruf von der Bestellstelle: Die Dame, mit der ich bereits gesprochen hatte, sagte mir, sie habe nach einigem Nachforschen herausgefunden, daß es ein Kalksandstein sei, der je nach Lieferbedingungen aus Deutschland, Italien oder Frankreich bezogen werde.

Warum ist mir dies der Erwähnung wert?

Weil es zeigt, daß es bei dieser Serie, im Gegensatz zu dem Stoffensemble, weder Montessori noch der Vertreiberfirma des „Original – Montessori – Materials" auf die Bezeichnung, Entstehung und geologische Einordnung der Materialien ankommt, sondern ausschließlich auf deren thermische Eigenschaften.

Nun besteht allerdings ein wesentlicher Unterschied zwischen faktisch und *scheinbar* verschiedenen Temperaturen, welcher Montessori als naturwissenschaftlich gebildeter Frau ohne Frage bewußt gewesen ist. Die Temperaturen in den Metallbehältern *sind* tatsächlich verschieden (vergleichbar mit einer heißen Herdplatte oder einem tiefgefrorenen Huhn), die Temperaturen der Täfelchen dagegen nicht: Im ersten Fall wird mir die Temperatur sozusagen aufgezwungen, im zweiten Fall handelt es sich, wie gezeigt, um einen Austauschprozeß zwischen mir (Körpertemperatur) und dem jeweiligen Material (Raumtemperatur).

Warum, so stellt sich die Frage, ist Montessori dieser Unterschied nicht wichtig?

Vermutlich wegen des 'Adressatenbezugs': Für 3- bis 4jährige Kinder ist es in der Tat einerlei, ob der Temperatureindruck auf realen Gegebenheiten (verschiedene Temperaturen) oder auf einer Illusion beruht (unterschiedlicher Wärmeeindruck trotz gleicher Temperatur). Montessori kommt es also offenbar lediglich darauf an, daß die Pole kalt und warm erkannt und Abstufungen zwischen ihnen wahrgenommen werden – analog zu den Abstufungen der oben beschriebenen Brettchen.

Ich komme zu den Gewichtsempfindungen.

„Zur Ausbildung des Gewichtssinnes dienen 6 mal 8 cm große, ½ cm dicke rechteckige Täfelchen aus drei verschiedenen Holzarten: Glyzinie[164], Nußbaum und Tanne. Das Gewicht beträgt 24, 18 bzw. 12g, sie differieren also um 6g. Sie müssen sehr schön geglättet und mit Glanzlack überzogen werden, damit alle Unebenheiten verschwinden, die natürliche Farbe des Holzes jedoch bleibt. Wenn es auf die Farbe achtet, weiß das Kind, daß sie ein verschiedenes Gewicht haben, es kann seine Übung also kontrollieren. Es nimmt zwei Täfelchen in die Hand, legt sie auf die Handflächenseite der ausgestreckten Finger und macht eine Bewegung von unten nach oben, um das Gewicht genau zu prüfen: Diese Bewegung muß mit der Zeit immer weniger spürbar werden. Dem Kind wird nahegelegt, mit geschlossenen Augen den Unterschied zu vergleichen; so gewöhnt es sich daran, dies mit großem Interesse von selbst zu tun, um zu sehen, „ob es richtig rät"."[165]

Wieder haben wir es mit einer weitgehenden Reduktion zu tun. So wie es bei den Wärmesinn-Materialien nur um die Temperaturempfindung gehen soll, so soll hier möglichst ausschließlich die Gewichtsempfindung aktiviert werden. Das Material soll – abgesehen von der Farbe – nicht wahr-

---

[164] Glyzine [...] (Blauregen, Glyzinie, Wisterie, Wisteria), Gattung der Schmetterlingsblütler mit neun Arten in N-Amerika und O-Asien; sommergrüne, hochwindende Klettersträucher mit unpaarig gefiederten Blättern; Blüten groß, duftend, in langen, hängenden Trauben, blau oder weiß.
Meyers Taschenlexikon Biologie, Bd. 1, Mannheim 1988
[165] Montessori: Die Entdeckung des Kindes, a.a.O., S. 131

genommen werden. Es ist mit einer glatten Lackschicht überzogen und kann so seine Eigenschaften nicht offenbaren. Und natürlich geht es auch nicht um das, was sozusagen hinter diesen Holzplättchen steht – Tannen, Nußbäume und Glyzinien nämlich. Montessoris Intentionen ließen sich also ebenso durch Kunststoffe verschiedenen Gewichts und verschiedener Farbe erfüllen.

Werfen wir einen Blick darauf, in welcher Weise dieses 'Material' heute angeboten wird.

Es besteht aus drei Holzkästchen, in denen sich jeweils sieben gleichgroße (8 × 6 cm) Holztäfelchen von verschiedenen Bäumen oder Sträuchern befinden. Aus welchem Holz die Plättchen sind, wird im Begleittext nicht erwähnt. Es heißt lediglich:

„Die Sätze unterscheiden sich in Holzart und Gewicht, nicht jedoch in der Größe."[166] Der Begleittext endet mit dem Satz: „Die Wortlektion vermittelt die Begriffe „schwer" und „leicht"." Dies bestätigt noch einmal, daß es nicht um die Herkunft und auch nicht um die Benennung der Hölzer, sondern ausschließlich um das Üben des barischen Sinns und der Feinmotorik geht.

Hiermit sind alle „Materialien" vorgestellt, die auf Oberflächen-, Temperatur- und Gewichtsempfindungen bezogen sind, und ich kann zu einer zusammenfassenden Bewertung übergehen.

Erst einmal läßt sich festhalten, daß Montessori bei allen hier behandelten „Materialien" eine bestimmte 'Zielgruppe' im Auge hat, zweieinhalb- bis vierjährige Kinder nämlich. Die Kinder dieses Alters sollen mit den Tastbrettchen, dem Kasten mit Stoffen, dem Tastkasten, dem Wärmesinnkasten und den Gewichtstäfelchen klar definierte Übungen absolvieren, wobei die Benennung und Herkunft der Materialien unwichtig ist. Ausgenommen

---

[166] Wehrfritz-Katalog, a.a.O., S. 530

werden muß hier lediglich der Kasten mit Stoffen, bei dem die Benennung aus unerfindlichen Gründen doch ins Spiel kommt.

Worin besteht nun der Sinn dieser exakten Exerzitien?

Es wurde oben bereits mit Zitaten belegt, daß Montessori mit ihrem „Material" zwei Ziele verfolgt – die Bildung der Sinne und die Bildung der Intelligenz, wobei die Sinnesbildung nicht über-, sondern untergeordnet ist. Bei genauerem Hinsehen zeigt sich sogar, daß die Sinnesbildung im Grunde nur Mittel zum Zweck ist, und der Zweck besteht in der Entwicklung dessen, was Montessori „mathematischen Geist" nennt.

„Wenn man sagt: „Dieses Individuum hat einen unsteten Geist; es ist intelligent, aber unentschieden", bedeutet das, daß es Ideen ohne eine Ordnung entwickelt. Von einem anderen sagt man hingegen: „Das ist ein klarer Kopf, er weiß die Umstände einzuschätzen."

Geben wir also diesem Teil des Geistes, der sich durch die Exaktheit aufbaut, einen Namen und nennen ihn „mathematischen Geist".[167]

Der eigentliche Sinn des Sinnesmaterials besteht also darin, geistige Ordnung zu stiften.

„Kehren wir zum Sinnesmaterial zurück, das geeignet ist, besonders bei kleinen Kindern zwischen drei und vier Jahren Konzentration zu erzeugen. Es besteht kein Zweifel, daß dieses Material nicht nur als Schlüssel zur Erforschung der Umgebung, sondern auch als Mittel zur Entwicklung des mathematischen Geistes betrachtet werden muß."[168]

Und weiter unten:

„Wir nennen daher das Material zur Erziehung der Sinne *materialisierte Abstraktionen* oder grundlegendes mathematisches Material."[169]

Damit nun ist die Katze endgültig aus dem Sack. Nun läßt sich aufführen, worum es Montessori *nicht* geht.

---

[167] Montessori: Das kreative Kind, a.a.O., S. 164f.
[168] a.a.O., S. 165
[169] a.a.O., S. 166

Die Herkunft der von ihr in diesem Zusammenhang verwendeten Stoffe, ihre Einordnung in erdgeschichtliche, menschheitsgeschichtliche, kunst- und kulturgeschichtliche Kontexte kann sie schon deswegen nicht interessieren, weil die Verwendung ihres „Materials" auf die Altersgruppe von drei- bis vierjährigen Kindern beschränkt ist.

Es trifft ebenfalls nicht zu, daß ihre Übungen eine geistig-seelische Bereicherung des Lebens intendierten oder eine Differenzierung des ästhetischen Vermögens durch möglichst frühen, intensiven Kontakt mit der stofflichen Welt. Hier ist von „Erforschung" die Rede – was nur eine Seite der Medaille trifft – nicht von Empfangen. Genauer: Das Tasten ist ihr wichtig, sein janusköpfiger Bruder Fühlen fehlt – ein ganz dem naturwissenschaftlichen Denken verhaftetes Denkmodell.

Abschließend seien noch zwei Aspekte von Materialität erwähnt, welche Montessori allein wegen ihrer 'Zielgruppenbestimmung' nicht interessieren konnten, wobei einer der beiden Aspekte zudem – historisch gesehen – relativ neu ist.

Historisch neu (oder wieder neu) ist die Einbeziehung ökologischer Fragen, die bei Montessori aus nachvollziehbaren Gründen nicht aufgeworfen werden. Zweitens fehlt der Bezug auf die jeweils aktuelle Produktion im Bereich der Bildenden Kunst. Dies hat Montessori nicht interessiert, und es konnte ihr auch im Kontext der Kleinkinderziehung weitgehend egal sein.

Zusammenfassend aber läßt sich festhalten, daß Materialien für Montessori letztenendes keine eigenständige Bedeutung hatten. Hatten sie ihre Funktion erfüllt, konnten sie wohlbehütet auf die nächste Gruppe von drei- bis vierjährigen warten, um die Grundlagen zur Entwicklung des mathematischen Geistes zu legen.

3.3 Zum Materialverständnis dreier herausragender Gegenwartskünstler: R. Long, U. Rückriem, J. Beuys

Wie bereits, wenn auch anders, formuliert, sind Materialien meinem Verständnis nach natürlichkünstlich oder künstlichnatürlich, sind sozusagen in einem Schwebezustand: könnten ebensogut wieder in den Naturzusammenhang oder in die weitere menschliche Bearbeitung übergehen.

An diesem Punkt haben zeitgenössische Künstler angesetzt, in diesem Zwischenbereich arbeiten sie oder haben sie gearbeitet.

Es sollen daher exemplarisch die Arbeiten von drei bildenden Künstlern vorgestellt und diskutiert werden: Richard Long, Ulrich Rückriem und Joseph Beuys. Diese drei stehen (mit Ausnahme vielleicht von Beuys) für viele andere bildende Künstler – deswegen spreche ich von exemplarisch.

3.3.1 Richard Long

Der 1945 in Bristol geborene Richard Long ist bekannt geworden durch seine Wanderungen und die fotografische und diagrammatische Dokumentation dessen, was er an einfachen „Eingriffen" in die jeweilige Landschaft vorgenommen hat.

Er ist beispielsweise in einer geraden Linie durchs Gras gegangen und hat das Ergebnis fotografisch *festgehalten* (*A Line Made by Walking*, 1967), oder er hat in den Anden einen Kreis aus Steinen gelegt, die er an diesem speziellen Ort vorfand (*Circle in the Andes*, 1972), um nur zwei Beispiele zu nennen.

Zu Beginn seiner künstlerischen Arbeit blieben die „Eingriffe" meistens dem Ort verhaftet, an dem er sie vornahm. Ob er mit Tannennadeln, Zweigen oder Steinen etwas machte – alles blieb an dem Ort und konnte und sollte wieder eingehen in die natürlichen Kreisläufe. Was Long mitnahm, waren belichtete Filme, Skizzen und Zeichnungen, die dann später vor allem in Form von Büchern veröffentlicht wurden.

Ebenso elementar wie das Gehen waren die Formen, die er legte (oder später auch an Wänden applizierte): Linien, Kreise (gefüllte oder nicht gefüllte), Spiralen und Kreuze.

Zwar weist Susanne Wedewer darauf hin, daß Long von Anfang an sowohl im Außenraum als auch im Innenraum gearbeitet habe[170] – es ist jedoch nicht zu bestreiten, daß die Innenarbeiten seit Beginn der 80er Jahre enorm zugenommen haben.

Ich will dieser Frage hier nicht nachgehen. Mich interessiert vor allem, welche Differenzierungen Long im Umgang mit Materie und Material entwickelt hat, da er auf den Naturzusammenhang immer wieder verweist. Zum Beispiel im folgenden:

„Quelle meiner Arbeit ist die Natur. Ich gebrauche sie mit Respekt und Offenheit."[171]

Es hat den Anschein – und viele Kritiker folgen ihm in diesem Punkt – , als hätte Long stets mit von Menschen unveränderten Naturdingen, mit Materie also gearbeitet. Ein oberflächlicher Blick auch auf seine späteren Arbeiten scheint dies zu bestätigen. Da stößt man auf Feuersteine, Treibholzstücke, Schieferplatten und Granitbrocken, die alle Spuren natürlicher Prozesse aufweisen.[172]

Bei näherem Hinsehen zeigt sich allerdings, daß, nimmt man es mit der Unterscheidung zwischen Materie und Material genau, Differenzierungen angebracht sind.

Die Feuersteine und Schieferplatten sind in der Tat von menschlichen Eingriffen unberührt. Dagegen mischen sich unter die Treibholzstücke

....

[170] In: Künstler, Kritisches Lexikon der Gegenwartskunst, München 1982, Ausgabe 20, S. 6

[171] Künstler, Kritisches Lexikon der Gegenwartskunst, a.a.O., S. 15

[172] Ich beziehe mich hier u.a. auf eine Ausstellung in Bremen 1993/1994: Katalog: Neues Museum Weserburg, Bremen 1993

Äste, die gebrochen worden zu sein scheinen, und bei den Granitbrocken zeigen sich Spuren von Preßlufthämmern, die das Gestein irgendwann einmal zerlegt haben.

Man könnte bereits an diesem Punkt vertreten, daß Long nicht nur mit vom Menschen 'unbeeindruckten' Naturdingen (Materie), sondern auch mit Dingen arbeitet, deren Formung in nicht unerheblichem Maß auch auf Menschen zurückgeht.

Zur Verdeutlichung sei aber noch ein besonders prägnantes Beispiel angeführt – die TURF LINE[173]. Hier haben wir es ganz eindeutig mit Material und nicht mit Materie zu tun. Denn die Form der Torfstücke ist ihnen durch den Torfspaten und dessen üblichen Gebrauch aufgedrückt: Die Stücke sind allesamt eckig und von nahezu gleichen Maßen. Wäre er analog zu den Feuersteinen verfahren, so hätte er Torfstücke *aufgelesen*, wie sie in Mooren durch natürliche Prozesse entstehen.

Es ist festzuhalten: Long arbeitet mit Materie und Material, wobei unklar ist, ob er sich des Unterschiedes bewußt ist. Im Vordergrund steht jedoch ohne Zweifel die Arbeit mit Naturdingen, die von Menschen weder in ihrer Form, Substanz noch in ihrer Farbe beeinflußt wurden – Materie.

----

[173] Ausstellungskatalog: Neues Museum Weserburg, a.a.O., S. 34/35

3.3.2 Ulrich Rückriem

Der 1938 in Düsseldorf geborene Ulrich Rückriem ist vor allem durch Steinskulpturen bekannt geworden, obwohl er zumindest früher auch mit Holz und Stahl gearbeitet hat. Ich möchte mich im folgenden auf seine Arbeiten aus Stein konzentrieren, da sie zahlreicher, vielfältiger und differenzierter sind.

Auf den ersten Blick fällt wie bei Long die extreme Einfachheit auf, was im übrigen auch auf die Stahl- und Holzarbeiten zutrifft: die Formen sind ausnahmslos geometrisch, die Eingriffe elementar (bohren, spalten, sägen etc.) und ohne große Schwierigkeiten nachvollziehbar, die Oberflächen meist wenig oder überhaupt nicht weiter bearbeitet.

Bei vielen Arbeiten könnte man meinen, es handelte sich um Rohmaterial (Steresis), um aufgeschichtete Gesteinsblöcke, die nur auf ihre weitere Bearbeitung warten, um zu Bordsteinen oder Kunstwerken zu werden.

Dieses Rohe, scheinbar Ungeformte ist zunächst einmal irritierend, wenn nicht provozierend. Bei eingehender Betrachtung fällt jedoch auf, daß die Proportionen und Volumina genau kalkuliert sind, so daß immer eine Beziehung zum Menschen, zum Innenraum, zur Architektur oder Landschaft hergestellt wird.

Nun könnte er dies auch mit exakt behauenen, geschliffenen oder gar polierten Steinblöcken erreichen.

Es stellt sich also die Frage, warum Rückriem die Steinblöcke oft in solch roher Struktur beläßt.

Schiefer, geschnitten, 1968

Zum einen tut er es, um die Aufmerksamkeit auf die Form zu konzentrieren: „Das Material soll nicht zu attraktiv sein, um nicht von der Form abzulenken."[174] Aber mir scheint noch etwas anderes mitzuschwingen. Meinem Eindruck nach geht es nämlich zum anderen um eine Problematisierung dessen, was man gewöhnlich Rohmaterial oder Rohstoff zu nennen pflegt. Wie wir sahen, ist Rohstoff in der Regel final bestimmt, ist Stoff, aus dem erst etwas geformt werden soll. Sein Wert wird (abgesehen von seinem Geldwert) in der Alltagswahrnehmung negiert. Rückriem nun fordert uns dazu auf, auch dem scheinbar Rohen etwas abzugewinnen: Seht euch (so höre ich ihn sagen) erst einmal den angeblich rohen Stoff genau an, laßt euch erst einmal darauf ein, bevor ihr nach traditionell geformten Kunstwerken verlangt!

....

[174] U. Rückriem in: documenta – Katalog 1987, Bd. 2, S. 212

Rückriem bricht bei vielen seiner Skulpturen an einer Stelle die Arbeit ab, an der traditionelle Bildhauer überhaupt erst anfangen. Allgemeiner: Er bricht dort ab, wo gewöhnlich die ökonomische Verwertung erst beginnt. Insofern könnte man sagen, daß in der Verweigerung der Weiterbearbeitung eine implizite Kritik am ökonomisch bestimmten Verwertungsgedanken liegt.

Wie können nun die hier behandelten Arbeiten Rückriems eingeordnet werden in den Komplex Materie/Material/geformtes Ding?

Ich versuche die Beantwortung durch ein Analogon. Nehmen wir an, jemand nimmt sich einen Treibholzstamm, dessen Form und Oberfläche von Menschen *nicht* beeinflußt wurde, teilt ihn in Segmente, schleift und poliert einige Teile, läßt jedoch andere Teile, wie sie sind – dann arbeitet er mit Einschränkungen wie Rückriem. Die Einschränkungen beziehen sich darauf, daß ihm ein Gesteinsblock nicht so zugänglich sein kann wie Treibholz:

„Der Rohling wird mit Dynamit aus der Wand gesprengt.

Der Block wird mittels Bohrungen und Eisenkeilen auf ein bestimmtes Maß gespalten."[175]

Wichtig ist Rückriem bei vielen seiner Arbeiten, daß der *Materiecharakter* erhalten bleibt. So schreibt er an gleicher Stelle in der ihm eigenen Einfachheit:

„Granit ist ein Eruptivgestein. Die Oberflächen der Naturseiten zeigen braun-rote Farben. Die gespaltenen und geschnittenen Flächen haben hell graublaue Farben, die geschliffenen und polierten Flächen dunkel graublaue Farben und reflektieren das Licht, zugleich zeigen sie die innere Struktur des Steinmaterials."[176]

Solche Arbeiten befinden sich also quasi in einem Schwebezustand zwischen Materie und Material. Zwar hat eine Formung stattgefunden, sie

---

[175] Ebenda
[176] Ebenda

110

ist jedoch in ihrer Minimalität eher der Kategorie Steresis als der Kategorie Morphe/Eidos zuzurechnen.

Man kann einen Granitblock als Rohstoff betrachten (und das tun vermutlich die meisten), aus dem z. B. polierte Arbeitsplatten für Küchen werden sollen, oder als ein aus dem natürlichen Zusammenhang gerissenes Stück Naturstoff, der es in diesem Zustand wert ist, unter verschiedenen Gesichtspunkten betrachtet und begriffen zu werden. Daß Material (Steresis) auch als etwas Eigenständiges und Eigenwertiges betrachtet werden kann – diese Sichtweise (oder wiedererweckte Erkenntnis) ist wahrscheinlich der aktuellen bildenden Kunst zu verdanken, das heißt auch Künstlern wie Ulrich Rückriem.

3.3.3 Joseph Beuys

Mit dem in Krefeld geborenen und in Kleve aufgewachsenen Joseph Beuys (1921 – 1986) komme ich zu dem ältesten und zugleich mit Abstand komplexesten der drei bildenden Künstler, deren Materialverständnis hier exemplarisch behandelt wird.

Mit 'komplex' ist vor allem zweierlei gemeint: die Vielfalt der künstlerischen Techniken, der Materialien und Gegenstände, mit denen Beuys gearbeitet hat, und das Vorhandensein einer komplexen Theorie, die mit dem Beuys'schen Werk untrennbar verbunden ist.

Werfen wir einen Blick auf die von Beuys verwendeten Materialien, so fallen einige besonders auf: Kupfer, Filz, Fett, Bienenwachs, aber auch Schiefer und Eisen.

Vergleicht man diese sechs Stoffe mit denen in der traditionellen Bildhauerei gebräuchlichen, so sind zumindest Filz, Bienenwachs und Fett äußerst ungewöhnlich. Was um Himmels willen, wird ein unbehelligter Betrachter zu fragen geneigt sein, will ein Bildhauer, der Beuys neben einem Zeichner und Aktionskünstler ja war, mit solchen Materialien?

Zur Beantwortung dieser Frage erscheint es sinnvoll, sich zunächst mit den Eigenschaften dieser Stoffe zu befassen.

Filz, ein zumindest in unserem Kulturkreis ärmlich wirkendes Material, ist durch seine Art der Zusammensetzung (dicht ineinander verhakte Tierhaare oder Tierhaare und Pflanzenfasern) ein hervorragender Isolator: etwas Warmes bleibt, von Filz bedeckt, lange warm, etwas Kaltes, von Filz bedeckt, lange kalt. Kleiden wir Menschen uns in Filz, so bewahrt er unsere Körperwärme und schützt uns gegen Kälte (s. dazu der Beuys'sche *Filzanzug* von 1970). Umwickeln wir Rohre mit Filz, so wird das, was in ihnen fließt, gut vor Kälte (oder Wärme) bewahrt. Und legten wir endlich im Frühjahr im Freien eine Filzmatte über die Triebe von Pflanzen, so würden wir sie, einer Schneeschicht gleich, vor Frost schützen und bewahren (s. dazu Beuys' *Schneefall* von 1965).

Zum *Bienenwachs* und *Fett*: Obwohl Bienenwachs in den plastischen und skulpturalen Arbeiten von Beuys eine (abgesehen vom Frühwerk) eher untergeordnete Rolle spielt, ist es für Beuys gleichwohl von zentraler Bedeutung. Der Grund hierfür liegt nicht in der Tatsache, daß es (wie Filz und Fett) ein sehr schlechter Wärmeleiter ist, sondern in etwas, das sich dem (noch so bemühten) Betrachter erst einmal nicht erschließen kann. Man kommt der Sache näher, wenn man die „Materieform" des Bienenwachses betrachtet. Die Bienen bauen aus den Wachsschuppen, die sie ausschwitzen, sechseckige Zellen, von denen nichts mehr zu ahnen ist, wenn die Waben (zusammengesetzte Zellen) schmelzen – aus etwas Festem, streng Geometrischem wird also durch den Einfluß von Wärme etwas Fließendes und Formloses. Dieser Prozeß faszinierte Beuys (neben anderen Prozessen im Leben der Bienen) tief, wohl auch deswegen, weil er R. Steiners Vorträge „Über die Bienen" kannte. Dort heißt es unter anderem:

„Sie (die Biene, M.D.) erzeugt aber ferner das Wachs. Was macht sie denn mit dem Wachs? Da macht sie sechseckige Zellen. Sehen sie, die Erde macht sechseckige Kieselsäurekristalle. Die Biene macht sechseckige Zellen. Das ist äußerst interessant, meine Herren. Wenn ich Ihnen die Zellen der Biene aufzeichnen könnte, so schauen sie so aus, wie die Quarzkristalle, nur daß sie hohl sind. Der Quarz, der ist nicht hohl. Aber in der Form sind sie ganz gleich."[177]

Nun ist allerdings bei Fetten, deren herausragende Eigenschaft es ist, in lebenden Organismen Energie zu speichern, im Materiezustand nirgends so etwas wie eine geometrische Form zu finden: Sie sind – im Gegensatz zu Bienenwachs – im festen wie im flüssigen Zustand amorph. Gleichwohl kam Beuys nach eigenem Bekunden durch die Beschäftigung mit dem Leben der Bienen und deren Hervorbringungen Honig und Wachs auf den Gedanken, Fett in seine Arbeiten einzubeziehen. Warum?

....

[177] Zit. nach: G. Adriani, W. Konnertz, K. Thomas: Joseph Beuys: Leben und Werk, Köln 1981, S. 370

Abgesehen von einem möglichen Grund, etwas Neues, nämlich weiche, leicht verform- und schmelzbare Materialien in die Bildhauerei einzuführen, um sich in diesem künstlerischen Bereich einen Namen zu machen, fällt auf, daß die drei bisher behandelten Materialien in besonderer Weise mit Wärme- und Kälteprozessen zu tun haben: Filz isoliert und schützt, Wachs kann (wie Wasser übrigens) fest und kristallin oder flüssig und amorph sein, das weiche Fett beginnt bei relativ niedrigen Temperaturen an zu fließen – fast wie Wasser – und erstarrt dann wie Wachs bei Kälte wieder.

Nun könnte dies alles im naturkundlichen Bereich verhaftet bleiben, würde Beuys nicht an die polaren Zustände von Wachs etwas Allgemeines knüpfen: Die sechseckige Zellenform nämlich steht bei Beuys für alles, was kalt, hart, geometrisch, kristallin ist, steht für analytisches Denken und Ratio; das geschmolzene Wachs steht für alles, was warm, weich, amorph, fließend ist, steht für Intuition und Emotionalität. Diese Polarität nun hat zwei Dimensionen: eine kunstimmanente und eine anthropologische, die später gersellschaftpolitisch und -kritisch akzentuiert wird. Innerhalb der Bildhauerei kann Beuys nun sinnfällig unterscheiden zwischen Skulptur und Plastik. Auf den Menschen (und später auf die konkreten gesellschaftlichen Verhältnisse [„sozialer Organismus"]) bezogen, kann er unterscheiden zwischen menschlicher Kälte und Wärme, Erstarrung und Kreativität, zwischen kaltem messerscharfem Denken (dafür stehen nach Beuys vor allem die Naturwissenschaften) und einfühlendem Sicheinlassen, zwischen Bürokratismus und sozialen Bewegungen von unten (für Beuys beispielsweise die Grünen in ihrer Enstehungsphase), um dann immer wieder die Zusammengehörigkeit von Ratio und Intuitio[178] zu postulieren.

Beim *Fett* nun, und damit komme ich auf die oben gestellte Frage zurück, gibt es im Gegensatz zum Wachs keine natürliche Polarität. Und so

---

[178] Intuition geht zurück auf das lateinische Verb intueri, dessen Hauptbedeutungen sind: hinschauen, anschauen, bewundernd anstaunen, (geistig) betrachten, erwägen, im Auge haben, berücksichtigen, Rücksicht auf etwas nehmen.

stellt Beuys sie folgerichtig künstlich her, indem er aus dem chaotischen Fett geometrische Körper formt. In diesem Zusammenhang sind die (redensartlich gewordenen) *Fettecken* (die erste entsteht 1963) und der berühmte *Fettstuhl* (1964) zu sehen.

„'Das Fett', erklärte Beuys in Essen seinen Zuhörern, 'nimmt den Weg von einer chaotisch zerstreuten, energieungerichteten Form zu einer Form. Dann tritt es auf in der brühmten Fettecke.' Und dann zeigte er auf seinen berühmten Fettstuhl von 1964, jenen Stuhl mit einer Art Fettecke, 'die', so Beuys, 'jetzt den menschlichen Körper in einer Gegend anschneidet, wo gewisse emotionelle Kräfte zu Hause sind'. Da lachte er, und da lachten alle im Saal."[179]

Vor diesem Hintergrund ist es nun ein leichtes, die Funktion von *Kupfer* im Kontext der drei bisher behandelten Materialien zu bestimmen. Dem Isolator und Beschützer Filz und dem Energiespeicher Fett fügt Beuys einen *Energievermittler* hinzu – und das eben ist Kupfer, dessen Wärmeleitfähigkeit unter den Metallen nach Silber die beste ist.

Daraus ergibt sich logischerweise, daß das Zusammentreffen der Materialien Fett, Filz und Kupfer immer spannungsreich ist, daß hier etwas Elementares ins Spiel kommt. Es läßt sich begründet vertreten, daß es im Beuysschen Werk – ausgehend von Materialeigenschaften – im wesentlichen um Wärme- und Energieprozesse geht, *die übertragen werden auf Prozesse zwischen Menschen und Prozesse zwischen Menschen und Naturdingen.* Die Rede von einem „erweiterten Plastikbegriff" scheint also berechtigt.

Wie verhält es sich nun mit den Stoffen *Schiefer* und *Eisen*? Zu ihnen gibt es von Beuys fast keine Ausführungen und auch kaum Kommentare. Haben sie substantiell zu tun mit den Wärme- allgemeiner: Energieprozessen, von denen die Rede war? Zumindest auf den ersten Blick nicht: Weder Schiefer noch Eisen sind unter Wärmeaspekten besonders auffällig.

----

[179] In: H. Stachelhaus: Joseph Beuys, Düsseldorf 1988, S. 92

Im Beuysschen Energiemodell scheinen sie mir dennoch eine nicht unwichtige Stelle einzunehmen. *Schiefer* ist von jeher eine Unterlage, auf der man schreibt, eine Unterlage, die sich dadurch auszeichnet, daß man alles schnell wieder wegwischen kann, um etwas Neues zu schreiben oder zu skizzieren: Er eignet sich somit ganz und gar nicht, um „ewige" Wahrheiten festzuhalten. Viel eher bildet er einen Grund, auf dem Vorläufiges, approximativ Wahres seinen angemessen Platz finden kann – sei es sprachlich oder skizzenhaft hingeworfen.

Und genau in diesem Sinn hat Beuys Schiefer verwendet. Fast immer entstammen die mit Kreide gezeichneten Wörter und Diagramme Aktionen oder lebendigen Diskussionsprozessen, die Anstöße geben sollten zum *Weiterdenken*. Insofern könnte man die These wagen, daß es sich wiederum um eine Synthese des plastischen und kristallinen Prinzips handelt: Der erstarrte Schiefer (ursprünglich nichts anderes als Ton) bildet die Grundlage, um Skizzen im weitesten Sinn des Wortes festzuhalten, die Gedanken repräsentieren, welche im Fluß sind, Kreise und Mäander bilden, Umwege und Seitenzweige herausspülen und Durchbrüche schaffen.

Das *Eisen* scheint für das zu stehen, was es „ist" – ein „Massen"stoff, auf dem die Realität der Industriestaaten basiert, ein banales Metall, das sich weder wie die Edelmetalle durch einen besonders hohen ökonomischen Wert auszeichnet, noch wie Kupfer durch eine besonders hohe elektrische oder thermische Leitfähigkeit – ein Material der Arbeit und des Alltags.

So hat Beuys Eisen allem Anschein nach verwendet. Als einen Stoff, der *da* ist, der nicht abzuschaffen ist, der die Grundlage der meisten Gesellschaften bildet – der deswegen auf das verweisen kann, was tagtäglich geschieht. Ohne utopischen Entwurf, ohne einen erweiterten Begriff von Plastik, ohne einen erweiterten Begriff von Kunst.

Es ist nun abschließend zurückzukommen auf den Materie-Material-Aspekt, unter dem die Arbeiten von Long und Rückriem fast ausschließlich betrachtet wurden. Erst einmal läßt sich feststellen, daß Beuys dem, was in dieser Arbeit Material (Steresis) genannt wird, besondere Aufmerksamkeit zuteil werden läßt.

Exemplarisch für diesen Bereich kann *Fond III* von 1969 gelten, eine Installation, in der einzelne Kupferplatten insgesamt neun Stapel von jeweils 94 Filzlagen abdecken. *Fond* bedeutet in diesem Kontext soviel wie Basis oder Grundlage für weitere Arbeiten, und in der Tat sind hier die Materialqualitäten von Filz und Kupfer auf eindringliche, fast schon didaktische Weise in Szene gesetzt.

Da das Beuyssche Werk, wie angedeutet, letztenendes die Formung, besser: Umformung des gesellschaftlichen Ganzen intendiert, ist das häufige Vorkommen von Material sicher kein Zufall. Denn der steretische Zustand kann (s.o.) als eine Art Schwebezustand gefaßt werden. In Material ist bereits in großem Umfang menschliche Arbeit eingegangen, aber nun kommt diese Arbeit sozusagen zum Stillstand, und die (zumindest theoretische) Frage ist: Macht man nun weiter und wenn ja, wie? Im Gegensatz zu Materie (als Materie) ist Material fest in den gesellschaftlichen Kreislauf eingebunden, und grundsätzlich geht es an diesem Punkt immer wieder um Alternativen: Man kann aus Material alles mögliche machen, Langlebiges oder Kurzlebiges (etwas, das in einem halben Jahr Müll ist), dem Menschen Dienendes oder Schädigendes, Spiele oder Waffen, Kunst oder space shuttles.

Abgesehen von der oben skizzierten Besetzung der Materialien durch Beuys schwingen solche Fragen, die letztenendes allgemeine Sinnfragen sind, immer mit. Es paßt daher ins Bild, daß Beuys neben Material vor allem vom Menschen geformte Dinge verwendet:

Batterien, Transformatoren, Akkumulatoren, Induktoren, Tauchsieder, Zinkwannen, Handbürsten, Spaten, Hacken, Konservenbüchsen, Taschenlampen, Reifenschläuche, Telefonapparate, Klaviere, Flügel, Geigen und vieles, sehr vieles mehr. Die Palette reicht in der Tat von „würdigen" Dingen wie Konzertflügel (z.B. *Plight*, 1985) über Setzmaschinen (z.B. *Terre-*

moto, 1981) bis zu Müll (z.B. *Ausfegen*, 1972, noch beeindruckender *Hasengrab*, 1962/67), wobei es nicht verwundert, daß sich viele (aber beileibe nicht alle!) Dinge direkt (Batterien und Transformatoren z.b. in *Fond II*, 1968) oder indirekt (ein mit Filz umwickeltes Cello: *Infiltration-Homogen für Cello*, 1967 oder *Hirschdenkmal für George Maciunas*, 1964/82) in das Beuyssche Energiemodell integrieren lassen.

Erstaunlich erscheint dagegen die Tatsache, daß Beuys aus der „Materie-Sphäre" relativ wenig in seine Arbeiten eingefügt hat – erstaunlich erst einmal wegen seiner intensiven Beschäftigung mit Alchimie, romantischer Naturphilosophie und Anthroposophie. Kenntnisse aus dieser Sphäre hatte er in hohem Maß –, es kann also nicht daran liegen, daß er vergleichsweise wenig aus diesem Bereich verwendet hat.

Die Liste mit Materie-Dingen ist kurz. Ohne den Anspruch auf Vollständigkeit seien aufgezählt: Tritonshorn (eine Schneckenart), Bergkristall (!), Bienenwaben (!), Lehm, Heu, Kartoffelkraut und andere getrocknete Pflanzen, Basaltsteine (*7000 Eichen*, documenta 7 – 1982).

Interessant ist, daß diese Materiefragmente allesamt nicht isoliert präsentiert sind, wie beispielsweise bei Long oder anderen Vertretern der Land-art oder Arte povera. Sie kommen immer zusammen mit „Vertretern" aus den Bereichen Material und Gegenstand von Menschenhand. Ganz offenbar war Beuys die Art von Naturverehrung, die in der Präsentation von Materiestücken ihr Ziel zu finden meint, zu oberflächlich und zu statisch. Viel wichtiger waren ihm die Transformationsprozesse, die im Stofflichen sich vollziehen und die – davon ausgehend – im Physischen, Geistigen und Seelischen sich vollziehen können.

Die auf Jahre sich erstreckende Aktion *7000 Eichen* steht beispielhaft für diese Denkungsart. Die 7000 fünf- bis achteckigen Basaltsäulen, die im Mai 1982 auf dem Friedrichsplatz in Kassel abgeladen wurden, bildeten nach und nach einen riesigen Keil. Die Stelen waren nicht weiter bearbeitet. Sie haben die Form, die man auch beim berühmten *Giant's Cause-*

way in Nordirland vorfindet, den Beuys kannte.[180] Nur stammen sie nicht von dort her, sondern aus Brüchen in Linz und Beilstein (beide Westerwald) und in Schlierbach (in der Nähe Kassels).

Es hätte eine Arbeit Longs sein können, und vielleicht war diese Aktion unter anderem auch ein ironischer Kommentar zu Arbeiten der Land-art. Die Steine sollten nämlich dort nicht liegenbleiben, sie sollten eindringen in den sozialen Organismus der Stadt – und zwar so, daß jeweils ein Basaltriegel neben einen zu pflanzenden Baum gesetzt werden sollte, was dann auch geschah.

Seiner Herkunft (magmatisch/vulkanisch) und seiner natürlichen Formung nach (fünf- bis achteckig) ist Basalt im Beuysschen Verständnis ein Vertreter des kristallinen Prinzips (wenn man das so nennen kann), und neben die Säulen dieses Stoffs ließ er Bäume pflanzen, Lebewesen, Wärmewesen also, die wachsen und sich dadurch mit den Jahrzehnten und Jahrhunderten durch den Stammzuwachs den Stelen nähern werden. Wieder also die beiden Pole, durch die das Beuyssche Denken geprägt war.

Bäume als lebende Plastiken, Basaltsäulen erstarrte Skulpturen – wobei sich die Bäume, die Wärmewesen, immer weiter erheben werden, ohne sich jedoch vor ihrem Tod von ihrem kristallinen Zwilling je zu trennen. Eine klarere Botschaft hätte Beuys kaum hinterlassen können.

....

[180] S. Foto in: Joseph Beuys, documenta – Arbeit, Austellungskatalog (Museum Fridericianum Kassel 5.-14. Nov. 1993), hrsg. v. V. Loers + P. Witzmann

Erste Eiche an der Spitze des Basaltsäulen-Keils, documenta 7

3.4 Zur Auswahl der Stoffe im „Material-Buch"

In einem ersten Schritt des Sammelns (die Dimensionen der Plättchen waren bereits festgelegt) standen die Faktoren visuelle Anmutung, Oberflächenbeschaffenheit, Gewicht, Temperatureindruck, Klang und Geruch im Vordergrund.

Es entstand eine Sammlung von ungefähr sechzig Materialien, darunter verschiedene gegossene Harze, exotische Hölzer, Zink und Blei, Walrat[181] und (Rinder-) Horn.

Unter taktilen und kinästhetischen Gesichtspunkten war dieses Ensemble sehr interessant – aber eben nur unter diesen.

Die übergeordneten Kriterien bildeten sich erst nach und nach, nachdem sich mir die Frage aufgedrängt hatte, *woher denn diese ganz verschiedenen Stoffe kommen.*

Bei der Zuordnung zum Pflanzen- und Tier-'Reich' ergaben sich keine größeren Schwierigkeiten, abgesehen von der nicht uninteressanten Tatsache, daß Tiere und Pflanzen auf der biologisch-systematischen Ebene im Bereich der Einzeller nicht klar voneinander zu scheiden sind.

Problematischer war und ist dagegen die Trennung von Metallen und Gesteinen, denn die im „Material-Buch" vertretenen Gesteine kommen (abgesehen von ihrer Form) so in der Natur vor, die im Buch vertretenen Metalle jedoch nicht – wenn man vom (selten) gediegen vorkommenden Kupfer und Eisen (meteoritischer Ursprung) einmal absieht.

Betrachten wir diese Frage aus geologischer Sicht: Für Geologen besteht die Erdkruste aus Mineralen / Mineralien, wobei kein Unterschied gemacht wird zwischen Metallen und Nichtmetallen. Gesteine werden als *Mineralgemenge*, Erze als metallhaltige Minerale und gediegen vorkommene Metalle ebenfalls als Minerale bestimmt.

----

[181] Walrat ist eine fettartige Masse, die aus den Stirnbeinhöhlen und einem vom Kopf bis zum Schwanz laufenden Kanal des Pottwals gewonnen wird.

Auf der phänomenalen und sinnlichen Ebene bereitet es jedoch kaum Schwierigkeit, Metalle und Steine auseinanderzuhalten: Da ist der (fast) allen Metallen eigene Glanz, ihre Fähigkeit zu klingen, die weitaus stärker ausgeprägt ist als bei den Steinen, und die beim Tasten erfahrbare spezifische Glätte, die anders ist als die von poliertem Stein. All dies unterscheidet die (meisten) Metalle auf recht eindeutige Weise von anderen Mineralen und von den Gesteinen.

Unbestreitbar ist jedoch, daß wir es bei den Metallen in einem ungleich höheren Maß als bei den Gesteinen mit einem zivilisatorischen Material zu tun haben, da der technische Aufwand und das dahinter stehende Wissen, Metalle aus Erzen (und das ist der Regelfall) zu gewinnen, wesentlich höher ist als beim Abbau von Gesteinen.

Man könnte also, cum grano salis, sagen, daß in die Bereitung von Metallen mehr menschliche, vor allem geistige Arbeit eingeflossen ist als in die Bereitung von Gesteinsstücken.[182]

Ich möchte nun auf die einzelnen Materialfamilien näher eingehen, wobei Wiederholungen dessen, was im Material-Buch geschrieben steht, unvermeidbar sind.

Ich beginne mit der Familie der Gesteine und ende mit der Familie der tierischen Stoffe, analog zur Ordnung, in der die Stoffe beim Erwerb des Kastens sind, die jedoch bei einer Verwendung in pädagogischen Zusammenhängen meiner Meinung nach fast immer durcheinandergebracht werden sollte, um die Familienbildung nicht einfach vorzugeben.

Bei der Auswahl der Gesteine half mir die geologische Systematik, nach der unterschieden werden: magmatische Gesteine, Sedimentgesteine

---

[182] Um es noch einmal zu verdeutlichen: In alle im Kasten vertretenen Materialstücke ist menschliche Arbeit eingegangen. Aber die Gesteine sind – im Gegensatz zu den Metallen – in ihrer *Substanz* vorfindbar, während die Metalle fast immer aus Erzen gewonnen werden müssen – und zwar durch das (zum Beispiel bei Eisen) schwierige Erzeugen von hohen Temperaturen.
S. zu diesen und anderen wesentlichen Aspekten der Metallerzeugung:
M. Eliade, Schmiede und Alchimisten, Stuttgart 1980

und metamorphe Gesteine. Als ich dies wußte, war schnell entschieden, daß aus allen drei Gruppen ein Vertreter vorhanden sein sollte. Allerdings hatte ich als Sedimentgestein in einem ersten Schritt Sandstein gewählt, was ich rückgängig machte, als mir klar wurde, daß Marmor und Kalkstein – chemisch betrachtet – gleiche Stoffe sind. Denn es ist kaum ein besseres Beispiel denkbar, um den Unterschied zwischen einer naturwissenschaftlichen und einer phänomenal sinnlichen Betrachtungsweise deutlich zu machen. Ich entschied mich also für Kalkstein anstelle von Sandstein, wofür außerdem seine architektur- und kunstgeschichtliche Bedeutung sprach und die wichtige Funktion von Kalk für den menschlichen Organismus.

Ein weiterer Glücksfall ergab sich, als ich erfuhr, daß Schiefer geologisch nicht eindeutig zu klassifizieren ist. Denn an diesem Beispiel läßt sich trefflich zeigen, daß fachwissenschaftliche Begriffe letzten Endes immer auf definitorischen Bestimmungen beruhen, was ja häufig nicht klar ist. Schiefer stellt also so etwas wie einen geologischen Zankapfel dar, da die Geologen ihn entweder den Sedimentgesteinen oder den metamorphen Gesteinen zuschlagen.

Vertreter der magmatischen Gesteine ist Granit, Vertreter der metamorphen Marmor, beides Stoffe, die unter erd- und menschheitsgeschichtlichen Aspekten alles andere als uninteressant sind.

Bei der Auswahl der Metalle spielten zwei Kriterien eine wesentliche Rolle: Sie sollten (zumindest teilweise) menschheitsgeschichtlich und physikalisch (elektrische und thermische Leitfähigkeit) von Bedeutung sein. Die Menschheitsgeschichte kommt durch die Präsenz von Kupfer (das vermutlich erste von Menschen genutzte Metall), Messing (wie Bronze eine Legierung) und Stahl (einer *Eisen*sorte) ins Spiel (Metallzeitalter), und mit Kupfer ist, wie schon erwähnt, der nach Silber beste Wärmeleiter vertreten. Zu erwähnen ist außerdem, daß durch die gewählten Stoffe die Unterscheidung zwischen Eisen und Nichteisenmetallen bzw. Buntmetallen plausibel wird (also auch die zwischen magnetischen/magnetisierbaren und nichtmagnetischen), daß Stahl wie kein anderes Material die industrielle Revolution vorangetrieben hat und daß Aluminium mit Kupfer zusammen sozusagen eine geschichtliche Klammer bildet, da Aluminium das seit kürzester und Kupfer das seit längster Zeit von Menschen genutzte Metall ist. Und schließlich muß darauf hingewiesen werden, daß die Metalle insgesamt erst relativ spät in den menschlichen Materialkanon aufgenommen wurden.

Bei der Familie der pflanzlichen Stoffe drängte sich vor allem aus technisch-praktischen Gründen die Wahl von Hölzern und Kork auf – denn, wie bereits erwähnt, lassen sich beispielsweise Fasern und Bestandteile von Blüten nur auf dumm künstliche Weise in die angestrebte Form bringen. Im übrigen werden Bäume meines Wissens in allen Kulturkreisen als exponierte Vertreter des Pflanzen-'Reichs' angesehen.

Nun ist die Palette von Hölzern ungeheuer groß, und es stellt sich die Frage, warum gerade diese drei ausgewählt wurden. Aus ökologischen Gründen verbot sich erst einmal die Entscheidung zugunsten tropischer Hölzer, aber dies grenzte die Wahlmöglichkeiten nicht wesentlich ein. Nach Studien botanischer Bücher war jedoch zumindest klar, daß von den bedeckt- und nacktsamigen Pflanzen jeweils mindestens eine Vertreterin vorhanden sein mußte. Die Wahl von Lärchen- und Ahornholz beruhte zudem darauf, daß aus diesen Hölzern seit mehreren Jahrhunderten (vermutlich seit etwa zehn) Streichinstrumente, aber auch überaus haltbare Gebrauchsgegenstände und Möbelstücke hergestellt werden. Da ich Streichinstrumente wie alle Musikinstrumente sehr schätze, war mir hier allerdings eine Frage wichtiger als manche andere: Wie wird man diese Instrumente in Zukunft noch bauen können, wenn die Bäume, die das Material zu ihrer Herstellung hervorbringen, sterben?[183]

Eichenholz und Kork sind miteinander verbunden, ohne daß dies im Alltagsbewußtsein verankert wäre, denn Kork stammt wie das im Kasten vertretene Holz von einem Eichbaum. Beide Eichenarten sind extrem ge-

---

[183] Hier wird zum ersten Mal explizit ein ökologisches Problem angesprochen. Ökologische Fragen spielen jedoch mehr oder weniger bei allen Materialien eine Rolle, ohne daß dies immer ausführlich dargelegt wird.

fährdet durch die Emissionen der Industrie, welche durch die Luft, das Wasser und den Erdboden eine Art Generalangriff auf die Pflanzenwelt praktizieren.

Daß Eichenholz und Kork eine lange Kulturgeschichte haben, muß hier nicht besonders hervorgehoben werden. Wichtiger erscheint mir die Verbindung zum Tier-'Reich' und zu uns Menschen, da die in den Rinden vorhandenen Gerbstoffe sowohl zum Gerben von tierischen Häuten als auch zur Behandlung von menschlichen Krankheiten sehr gut geeignet sind.

Wie bei den pflanzlichen gab es auch bei den tierischen Stoffen wegen der festgelegten Dimensionen der Materialstücke Einschränkungen: Federn, Fischhäute und Horn beispielsweise verweigern sich diesen Abmessungen, die nun einmal zum Gewichtsvergleich unverzichtbar sind. Ein Stück Schwamm wäre schön gewesen, ließ sich aus technischen Gründen jedoch nicht realisieren, und Elfenbein verbot sich aus Gründen des Tierschutzes.

Da uns jedoch menschheits- und stammesgeschichtlich die Säugetiere am nächsten stehen, sollte in jedem Fall mindestens ein Material von ihnen stammen. Mit der Wahl von Lammfell, Rindsleder und Filz kann gezeigt werden, seit wann Menschen mit diesen Stoffen Umgang haben, und im erdgeschichtlichen Überblick wird zumindest angedeutet, daß es säugende Lebewesen, zu denen auch wir Menschen zu zählen sind, in erdgeschichtlicher Perspektive erst seit sehr kurzer Zeit gibt.

Das vierte Material, Bienenwachs, ist unter erd- und menschheitsgeschichtlichen Gesichtspunkten ebenso interessant wie die drei anderen. Jedoch unterscheidet es sich von den anderen dadurch, daß es von Insekten (zu denen die Bienen gezählt werden) hervorgebracht wird, und Insekten stehen uns zweifellos ferner als Säugetiere.[184]

....

[184] Schon aus diesem Grund kann ich die Beuys'sche und nachbeuys'sche Euphorie über das Leben der Honigbienen nicht teilen: Schließlich werden die Drohnen, die männlichen Bienen, nach Erledigung ihrer Aufgabe, abgestochen oder dem Hungertod preisgegeben, was allein eine Übertragung auf zwischenmenschliche Vorgänge verbietet. Und auch auf der allegorischen oder metaphorischen Ebene habe ich Schwierigkeiten: Zu vieles deutet auf ein rigoros geregeltes Kollektivleben hin.

Bevor ich abschließend auf einige nicht sofort erkennbare Verbindungen zwischen den Materialfamilien eingehe, sei noch die spezielle Verbindung zwischen bestäubenden Insekten und bedecktsamigen Pflanzen erwähnt. Nicht alle, aber doch sehr viele Bedecktsamer sind für ihre Befruchtung auf Insekten, also vor allem Bienen angewiesen, die Bienen ihrerseits auf den Nektar der bedecktsamigen Pflanzen. Vor diesem Hintergrund rücken recht unerwartet zwei Materialien eng zusammen, die auf den ersten Blick nichts miteinander zu tun haben: Ahornholz und Bienenwachs.

Erst einmal scheint es im geordneten Zustand der Materialien in der Mitte eine Trennlinie zu geben: oben die organischen, unten die anorganischen Materialien.

Verbindungen zwischen diesen scheinbar disparaten Bereichen ergeben sich, wenn man grundsätzlich über das Leben der Pflanzen nachdenkt. Durch Blätter und Blüten sind Pflanzen mit dem Sonnenlicht verbunden, durch Wurzeln mit dem, was in der Erde ist. Die Wurzeln saugen mit dem Wasser Stoffe aus der Erde, welche sich in Blättern, Blüten, Stengeln, Ästen, Stämmen usw. ansammeln. Die Tiere nun fressen Pflanzen oder andere Tiere, die sich von Pflanzen ernähren, und kommen derart (und durch die Aufnahme von Wasser) zu den lebensnotwendigen Mineral- und Spurenstoffen, wodurch gleichzeitig geklärt ist, wie Menschen die lebensnotwendigen Stoffe aufnehmen, da sie sich von pflanzlichen und tierischen Stoffen ernähren.

Ein lebensnotwendiges Mineral ist beispielsweise Kalk, lebensnotwendige Spurenelemente sind beispielsweise Eisen und Kupfer.

Allein diese Zusammenhänge machen die Trennlinie, von der oben die Rede war, durchlässig, wobei noch weitere Verbindungen genannt werden könnten (z. B. zersprengen die Wurzeln von Bäumen weichere Gesteine,

---

Daß man auch davon noch einmal abstrahieren kann, um grundsätzlich auf Energieprozesse hinzuweisen, soll damit nicht bestritten werden. Aber dies ist schon so etwas wie ein Hochseilakt.

die längerfristig in Seen und Meere gespült werden und sich dort ablagern; oder organische Materie verfestigt sich über Jahrmillionen und wird dann den Mineralen zugerechnet, wie beispielsweise Torf oder Muschelkalkstein).

Durch das Beschriebene und Skizzierte sollte deutlich geworden sein, daß die versammelten Stoffe es ermöglichen, exemplarisch erdgeschichtliche, menschheitsgeschichtliche, kunst- und kulturgeschichtliche, ökologische und den menschlichen Organismus betreffende Fragen aufzuwerfen und zu behandeln (und sie dann gegebenenfalls weiter zu vertiefen). Dazu kommen vielfältige Beziehungen zur Gegenwartskunst, welche mit Long, Rückriem und Beuys nicht erschöpfend behandelt wurden. Es kann jedoch festgehalten werden, daß von den drei Genannten einzig Beuys menschheitsgeschichtliche, erdgeschichtliche und ökologische Fragen bearbeitet hat. Nicht zuletzt deswegen wurden drei von Beuys favorisierte Stoffe in den Materialkanon aufgenommen: Bienenwachs, Filz und Kupfer.

4 Ersterfahrungen mit dem „Material-Buch"

In diesem abschließenden Teil werde ich versuchen, die ersten Erfahrungen, die *andere* mit den Materialien machten, sowie *meine* ersten Erfahrungen mit diesen Umgangsweisen zu reflektieren.

Ich verfahre so, weil ein *extensiver* Blick auf die bestehenden Allgemein- und Fachdidaktiken mit dem Ziel einer Zuordnung des „Material-Buchs" wenig erbrachte und weil ein *intensiver* Blick auf den *neuesten* Stand der allgemeinen und fachbezogenen Didaktiken im Rahmen dieser Arbeit kaum zu leisten war.

Aufgrund meines Wissensstandes meine ich jedoch mit einigem Recht davon ausgehen zu können, daß sich „Das Material-Buch" auch im Kontext der neuesten didaktischen Ansätze als recht sperrig erweisen würde. *Sperrig* vor allem wegen der prinzipiellen Offenheit des Material-Angebots[185] gegenüber Rezipienten jeden Alters:

Sie sollen damit erst einmal *nichts Bestimmtes* unternehmen, es ist ihnen freigestellt, sich mit ihm je nach Neigung, Vorwissen und Situation zu befassen. Dies ist sicher nicht im Sinn der traditionell vorherrschenden Pädagogik, und so könnte man fast von einer anti-pädagogischen Arbeit sprechen, wäre da nicht die unübersehbare Tatsache, daß man allein durch die Beschäftigung mit den Materialproben etwas lernt - und Lernen hat nun mal immer etwas mit Pädagogik zu tun ...

Aber was kann man lernen?

Dieser Frage soll nun nachgegangen werden, indem ich mich auf Ersterfahrungen von und mit Kleinkindern (zwei - fünf), Kindern (sechs - zehn), Jugendlichen (zwölf - fünfzehn Jahre) und Studierenden des Faches

---

[185] Gemeint sind hier die 16 Material-Täfelchen.

Kunstpädagogik beziehe. Es handelt sich dabei um erste Einblicke, nicht um verallgemeinerbare empirische Aussagen.

Bei Kleinkindern ist das Tasten und Fühlen[186] mit Fingern, Händen, Zunge, Wangen, Lippen und anderen Körperteilen sehr ausgeprägt. Sie greifen nach einem der Stücke, bewegen es in den Händen, lassen es dabei jedoch meist nicht bewenden, sondern führen es zum Mund, betasten es mit der Zunge, fühlen es mit der Wange, legen es sich auf den Unterarm ... Ich habe Kinder dieses Alters erlebt, die dies - waren sie allein - in größter Selbstvergessenheit zehn bis fünfzehn Minuten lang taten. Auch zu zweit oder zu dritt waren sie gewöhnlich ganz bei der Sache, reichten einander die Plättchen zu, wobei sich die sprachlichen Äußerungen auf Bemerkungen wie: „Nimm' mal dies" oder ähnliche Aufforderungen beschränkten. Sie beschrieben also ihre Tasteindrücke nicht, und auch die Materialbezeichnungen interessierten sie nicht weiter.

Dagegen war ihnen eine weitere Sache wichtig: das Herausnehmen und Hineinlegen der Stücke - auch dies betrieben sie des öfteren ohne Unterbrechung über zehn oder gar fünfzehn Minuten. Daneben bereitete ihnen das Aufstapeln der Täfelchen große Freude.

Zusammenfassend läßt sich sagen, daß bei drei- bis fünfjährigen Kindern das Fühlen und Tasten sowie das (nicht angeleitete) Üben der manuellen Geschicklichkeit im Vordergrund stehen.

Mit zunehmendem Alter der Kinder (sechs bis zehn) gesellt sich zum Fühlen und Tasten die Frage: „Was ist das?", womit gemeint ist, um welches Material es sich jeweils handelt.

Diese Frage stellt sich Kindern dieses Alters meiner Erfahrung nach, ohne daß sie an sie herangetragen werden muß. Aus den daraus folgenden Gesprächen entwickelte sich nicht selten eine zweite Frage, ohne daß sie

---

[186] Tasten bezeichnet das aktive, Fühlen das passive Moment im haptischen Geschehen (s.o.).

durch Anregungen welcher Art auch immer darauf hätten gebracht werden müssen:

Woraus sind die Dinge, mit denen wir täglich umgehen, woraus die, die uns alltäglich umgeben, zum Beispiel in der eigenen Wohnung.

Das bedeutet nicht, daß das Tasten und Fühlen keine Bedeutung mehr hätte, es spielt jetzt nur nicht mehr die erste Geige, und es ist nun in viel höherem Maße von sprachlichen Äußerungen begleitet als im Alter von drei bis fünf Jahren. Es fielen beispielsweise Bemerkungen wie: „Fühl' mal, wie kalt das ist!" oder „Nimm mal, ganz schön schwer, was?"

Und noch etwas war erkennbar: der freie spielerische Umgang mit den Täfelchen. Das reichte vom Legen von Straßen über das Bauen von Quadern bis zur Erfindung eines Spiels durch meine ältere Tochter. Bei diesem Spiel muß ein Kind (oder auch Erwachsener) die Augen schließen, und ein anderes hält dem ersten ein Täfelchen an die Wange und fragt, welches Material das sei...

Interessant an dieser Altersstufe scheint mir in unserem Kontext dreierlei:

1. Es besteht (bereits) ein Interesse an der Frage, aus welchem Stoff die Täfelchen sind, wobei die Kenntnisse altersgemäß nicht sehr umfangreich sind.

2. Es gibt erste Ansätze von 'Wirklichkeitsbefragung' (woraus sind die uns umgebenden Dinge?).

3. Tasteindrücke (kalt und warm, schwer und leicht, rauh und glatt) werden bereits in Sprache gefaßt.

Die Gespräche mit jüngeren und älteren Kindern waren von mir nicht gelenkt - im Gegensatz zu dem Gespräch mit Jugendlichen, zu dem ich jetzt übergehe. Das bedeutet nicht, daß man mit Jugendlichen so und nicht anders verfahren sollte; beim nächsten Mal würde ich es anders machen, um Neues zu erfahren.

Zunächst bat ich einen der sechs Jugendlichen, mit geschlossenen Augen herauszufinden, um welche Materialien es sich bei den sechzehn Proben handelt. Die anderen hatten zu schweigen, was ihnen nicht ganz leicht fiel. Überraschend war für mich die gespannte Aufmerksamkeit, von der diese Übung begleitet war - denn ich hatte befürchtet, daß sie so etwas als Kinderkram abtun könnten.

Durch das blinde Tasten wurden nur wenige Stoffe identifiziert, und es kam zu Verwechslungen zwischen Metall- und Steinplättchen. Im darauf folgenden, von mir geleiteten Gespräch gelang es den Jugendlichen jedoch, die meisten Materialien richtig zu benennen. Schwierigkeiten gab es allerdings bei der genauen Identifizierung der Hölzer, Stahl wurde für Blei gehalten und Aluminium für Stahl.

Nachdem ich sie in diesen Dingen aufgeklärt hatte, fragte ich, wie man die sechzehn Proben ordnen könne (die 'Familienordnung' hatte ich - wie immer in solchen Fällen - vorher durcheinandergebracht). Sie kamen im Gespräch untereinander ohne große Schwierigkeiten auf die vier Familien und erkannten schnell, daß die jeweils vier Stoffe nur *Vertreter* von sehr viel größeren Familien sind. Nun entstand, ohne daß ich eine Anregung gab, eine lebhafte Diskussion, die in einem bunten Wechsel um die beiden Fragen kreiste, woher die Stoffe kommen und was aus ihnen gemacht wird, wobei ökologische Fragen einen besonderen Schwerpunkt bildeten: So wurden beispielsweise Arten heutiger Tierhaltung, das Waldsterben, der Energieaufwand bei der Herstellung und Wiederverwertung von Metallen, die Vergiftung unserer Umwelt und Probleme beim Recycling angesprochen. Erwähnenswert ist vielleicht noch, daß sie von sich aus Musikinstrumente aus Holz und Metall aufzählten, sich also auch der klanglichen Qualitäten der Materialien bewußt waren oder wurden und daß sie erdgeschichtliche Aspekte (Stichwort: Fossilien in Schiefer- und Kalksteinablagerungen) und menschheitsgeschichtliche (Stichwort: Bronzezeit) zumindest ansprachen.

Viererlei scheint mir einer Zusammenfassung wert:

1. Die Tastübung wurde von diesen Jugendlichen interessiert angenommen.
2. Im gemeinsamen Gespräch wurden die meisten Stoffe identifiziert.
3. Die von mir zugrunde gelegte Familienordnung wurde ohne meine Hilfe erkannt, und auch die Zuordnung der einzelnen Materialien gelang.
4. Ökologische Probleme waren diesen Jugendlichen in erstaunlichem Maße bewußt.

Die letzte hier behandelte Erprobung geschah mit Studierenden des Faches Kunstpädagogik (1. Semester).

Ich bat sie zuerst, sich in Dreier- oder Vierergruppen aufzuteilen, gab dann jeder Gruppe einen Materialkasten (auch hier wieder mit aufgelösten Viererreihen) und stellte als Aufgabe zwei Fragen:

1. Was *fällt* Euch zu den Materialien *ein*, was *fällt* Euch besonders *auf*?
2. Wie könnte man die Stoffe ordnen?

Nach etwa einer Stunde setzten sich alle zusammen, um die Ergebnisse mitzuteilen und über sie zu sprechen.

Zunächst einmal zeigten sich Schwierigkeiten bei der Identifizierung: So wurde Granit für „Kunststein" (!), Eichenholz für irgendein Stück Parkett, Marmor für Alabaster, Kalkstein für Keramik und Stahl (wieder einmal) für Blei gehalten. Dann wurden - obwohl danach nicht gefragt war - die Tasteindrücke wiedergegeben: leicht und schwer, kalt und warm, weich und hart, glatt und rauh, biegsam und starr, und es fielen Bemerkungen zum Geruch, Klang und zur visuellen Anmutung einzelner Stoffe.[187] Dazu kamen Kriterien wie billig und teuer, brennbar und nicht brennbar, zer-

---

[187] Die Konzentration während der Gruppenarbeit war sehr unterschiedlich, was sich auch bei der Präsentation niederschlug. Zu Beginn bestanden alle vier Gruppen aus drei oder vier Mitgliedern, drei Gruppen blähten sich dann durch Zuspätgekommene auf fünf bis sieben auf. Einzig die 'Kleingruppe' arbeitete die ganze Zeit über intensiv. Abgesehen von den Irritationen, die von 'Spätkommern' fast immer ausgehen: Zumindest für diese Altersstufe scheinen Gruppen mit drei bis vier Teilnehmenden optimal.

brechlich und unzerbrechlich, schwimmend und nicht schwimmend, lichtdurchlässig und lichtundurchlässig. Außerdem wurde festgestellt, daß alle Holzstücke ohne Borke sind, was sich zur späteren Klärung der Unterscheidbarkeit von Material und Materie als nützlich erwies.

Die Gruppenzuordnung der sechzehn Materialien verlief in zwei Richtungen: in eine eher formale und eine eher inhaltliche. So wurde gesagt, man könne die Stoffe beispielsweise nach Gewicht, Farbigkeit, Helligkeit und Struktur (Oberflächenbeschaffenheit) ordnen, aber eben auch nach ihrer Herkunft, so daß man vor sich habe acht Stoffe, die aus der Erde kommen, und acht Stoffe, die je zur Hälfte von Pflanzen oder Tieren stammen.

Beim nächsten Veranstaltungstermin gab ich die Aufgabe, jeweils eine Plastik aus dem Bereich Materie und eine aus dem Bereich Material zu skizzieren und kurz zu erläutern.[188]

Vor der Präsentation der Ergebnisse versuchte ich, meine Sicht der Dinge an zwei Beispielen zu veranschaulichen. Ich legte auf den Tisch ein Stück Treibholz, einen Balken und ein Tischbein - ebenso in Kreisform ausgelegt wie ein Stück gediegenes Kupfer, das Kupferquadrat aus dem Materialkasten und einen aus Kupfer getriebenen Aschenbecher. Ich erklärte dazu, meinem Verständnis nach handele es sich bei dem Treibholz und dem Stück aus gediegenem Kupfer um *Materie*, bei dem Balken und dem Kupferquadrat um *Material*.

Daraus entwickelte sich   unter Bezug auf die eigenen Skizzen und Überlegungen eine lebhafte und interessante Diskussion, in deren Verlauf auch die Schwierigkeit thematisiert wurde, lebende Tiere (und auch Pflanzen) dem Materie-Bereich zuzuordnen, ein Problem, das ich gut nachvollziehen kann und auf das ich oben ausführlicher eingegangen bin.

....

[188] Wie man sich denken kann, sorgte diese Aufgabe für einige Irritation, da unklar war, was ich mit *Material* und *Materie* meinte. Ich ließ mich jedoch zu diesem Zeitpunkt zu keiner Definition hinreißen, sondern forderte die Studierenden auf, selber über sinnvolle Unterscheidungsmöglichkeiten nachzudenken, was sich auf die späteren Diskussionen positiv auswirkte.

In dieser Diskussion wurde übrigens auch von einer Gruppe gesprochen, von der ich zum ersten Mal hörte: die Veganer, wie sie sich selber nennen. Veganer stellen sich die Frage, woher das kommt, was uns kleidet und nährt, und ziehen daraus zum Teil radikale Konsequenzen. Niemand von ihnen ißt Dinge, die von Tieren kommen, oder kleidet sich mit von Tieren stammenden Materialien - also kein Honig, keine Butter, kein Leder, keine Wolle, kein Filz etc. Einige von ihnen gehen soweit, Schlachter als Mörder zu bezeichnen und die Scheiben von Schlachtereien einzuschlagen.

Fünf Dinge lohnen sich meiner Ansicht nach festgehalten zu werden:
1. Bei der Identifizierung der Stoffe waren die jungen Erwachsenen den Jugendlichen *nicht* überlegen.
2. Die Tasteindrücke wurden differenziert erfaßt und wiedergegeben, obwohl danach nicht gefragt war.
3. Es wurden interessante Ordnungen (eher formaler Natur) gefunden und die mir wesentliche Ordnung ebenfalls.
4. Die Unterscheidungsmöglichkeit von *Materie* und *Material* mußte von mir ins Gespräch gebracht werden.
5. Ökologische Fragen waren die ganze Zeit über präsent.

Abschließend soll unter Einbeziehung der Erfahrungsberichte aus den vier Gruppen der Versuch unternommen werden, einen ersten Überblick über die generellen Möglichkeiten zu gewinnen, die der Material-Kasten bietet.

Zunächst einmal fällt auf, daß durch den Anblick der Täfelchen offenbar das Bedürfnis entsteht, sie zu berühren - und zwar ganz unabhängig vom Alter derer, die damit konfrontiert werden. Das ist insofern nicht banal, als in keinem Fall eine explizite oder implizite Aufforderung zum Tasten oder Fühlen gegeben wurde:

Da ist einfach eine Art Kasten mit sechzehn Fächern, und darin liegen sechzehn Plättchen, und die Menschen greifen nach ihnen, tasten sie ab, nehmen sie heraus etc.

Offenbar also geht von den Täfelchen eine Aufforderung aus, die Aufforderung, sie zu fühlen und zu tasten. Das *Berühren und Fühlen* geschieht gewöhnlich, solange die Plättchen noch in ihren Fächern liegen, das *Tasten* danach.

Man kann das Fühlen als eine Art Erleiden (nicht im Sinne von *Leid empfinden*, sondern im Sinne von *hinnehmen müssen*) und das Tasten als eine Art Erkennen charakterisieren. Somit haben wir es wieder mit einer Synthesis von emotionalen und kognitiven Anteilen zu tun.

Offensichtlich drängen sich den Tastenden durch das Tasten (*ohne* Anregung von außen) Fragen auf.

Erst einmal geht es um die Benennung / Bezeichnung der Materialien, dann um die Formulierung von Tasteindrücken, die ja - wie man sah - durchaus komplex sind. Jetzt könnte die Beschäftigung mit dem Gegenstand erschöpft sein, doch scheinen sich die Fragen, woher denn diese Stoffe kommen und was aus ihnen gemacht wird, im Anschluß daran wie von selbst zu stellen.[189] Offenbar wird intuitiv erfaßt, daß es sich bei den Proben um ein eigenartiges Zwischenstadium handelt, das die Fragen 'Woher kommen sie?' und 'Was wird aus ihnen' evoziert - doch (fast) niemand ist in der Lage, dies ohne Anstoß sprachlich und analytisch zu fassen.

Es hat den Anschein, als würden Fühlen, Tasten und Denken in dieser ersten Phase eine Synthese bilden - *Fühlen, Tasten und Denken in eins.*

Doch diese Einheit stellt eine Art Balanceakt dar, denn ich muß - will ich mich ganz aufs Fühlen einlassen - das auf Erkenntnisse drängende Tasten weitgehend ausschalten, und ich muß - will ich mich ganz aufs Denken (aufs 'analytische' Denken) einlassen - zumindest phasenweise sowohl das Fühlen als auch das Tasten ausblenden.

Wenn es beispielsweise um Unterscheidungsmöglichkeiten von Materie und Material geht oder um die Frage, ob der „materialen Phase" (analog zur

---

[189] Zumindest vom Kindesalter an

aristotelischen Kategorie Steresis) ein eigener Status zukommen könnte oder sollte, nützt mir der taktil-haptische Umgang mit den sechzehn Täfelchen nichts oder wenig.

Von diesem Punkt an geht es um gedankliche und analytische Anstrengung, um die „Anstrengung des Gemüts"[190],um historische Aneignung und - ist man mit anderen zusammen - um dialogische Fähigkeiten. Und für die Vermittlungspraxis bedeutet dies, daß jemand Anregungen oder auch Anleitungen geben muß, um die angesprochenen Fragen einer Bearbeitung zugänglich zu machen.

Gleiches gilt für einen von den sechzehn Materialien her ableitbaren Bezug zur zeitgenössischen Kunstproduktion und zu einer „kulturökologisch"[191] orientierten Kunsterziehung.

Neben J. Beuys, R. Long und U. Rückriem (s.o.) denke ich hier - was den ersten Punkt angeht - an Künstler wie M. Merz, G. Penone, G. Paolini, J. Kounellis und R. Ruthenbeck, an M. Heizer, R. Smithson, R. Morris und D. Oppenheim, an D. Judd, C. Andre und D. Flavian und an N. Lang und J. Le Gac - mit anderen Worten an die 'Richtungen' Arte povera, Land-art, Minimal art und Spurensicherung.

Was den zweiten Punkt angeht, so beziehen sich derartige Orientierungen in starkem Maße auf die Hinterlassenschaft von J. Beuys[192], was nach dem oben Ausgeführten nicht weiter verwundern dürfte. R. Stielow gehört zu den wenigen, die die gegenwärtige Diskussion in diese Richtung voranzutreiben versuchen. „Das Material-Buch" (Kasten *und* Buch) gehört meinem Verständnis nach in den Kontext dieser Neuorientierung:

....

[190] Diesen Begriff verdanke ich R. z. Lippe in: Sinnenbewußtsein, Grundlegung einer anthropologischen Ästhetik, Reinbek 1987, u.a. S. 341 und 343

[191] R. Stielow, s.u.

[192] Ich meine damit sowohl sein künstlerisches Werk als auch seine mündlichen und schriftlichen Äußerungen.

„Das vorgeschlagene, Beuys verpflichtete Konzept unterscheidet sich grundsätzlich von jeder starren Kunstfixierung und dem traditionellen Künstler-Individualismus in kunstpädagogischen Studienverläufen. Es unterscheidet sich auch von der herrschenden Tendenz zur Ausgrenzung des Ästhetischen aus der institutionalisierten Pädagogik, also vom „Spezialfall" einer ästhetischen Bildung, die sich nicht nur vom übrigen Lehren und Lernen, sondern auch von den Lebensgeschichten, von den Wissenschaften, von der Kunst usw. abgespalten hat und mit sich allein geblieben ist. Statt dessen wäre kulturökologische Kunsterziehung notwendig mit dem Ziel einer allgemeinen kulturökologischen Kreativität im Rahmen *erweiterter ästhetischer Bildungsprozesse in allen Lebenslagen.*[193] Diese Chance besteht heute nicht zuletzt dank der beispielhaften Lehre von Joseph Beuys, in der etwas von jener menschlichen Liebe und Wärme praktisch geworden ist, von der Adorno in „Erziehung nach Auschwitz" gesprochen hat.

Wenn jeder Mensch *potentiell*[194] ein „Künstler", also ein erfahrungsstarkes, sein Leben und das der Gesellschaft mitgestaltendes Wesen ist, dessen Förderung mit der Geburt, ja schon im Mutterleib beginnen kann, dann müßte sich allerdings nicht nur die Auffassung von Kunst, sondern auch die von Kunsterziehung ändern. Dann würde es auch zu einem Neuaufbau der theoretischen, didaktischen und praktischen Fundamente einer Kunstpädagogik an Hochschulen und Schulen kommen müssen. Dazu müßten die ökopsychologischen Strukturen dieser Lernorte, die Gegenstände, Ziele, Prozesse in den Institutionen schon heute von den Verkrustungen, Verhärtungen und Vereisungen des Funktionellen befreit werden - nicht zuletzt, um Bildungsprozesse einzelner Menschen an ihren Arbeitsplätzen, in Bü-

---

[193] Hervorhebungen von R. Stielow
[194] Hervorhebung von R. Stielow

ros, Fabriken, Krankenhäusern, Touristik-Unternehmen usw. vorbereiten zu helfen."[195]

Es sollte deutlich geworden sein, daß „Das Material-Buch" in einem Spannungsfeld zwischen Freiheit und Gebundenheit verortet ist: Da ist auf der einen Seite der nicht zu bezweifelnde *Aufforderungscharakter* der sechzehn Täfelchen, auf der anderen Seite die ebensowenig zu bezweifelnde Notwendigkeit, bestimmte Fragen geplant einem Diskurs zugänglich zu machen. Mit anderen Worten: Einiges erschließt sich von allein, anderes bedarf der Anregung und Anleitung.

Es widerspräche den Intentionen des „Material-Buchs" fundamental, würde man dort steuernd eingreifen, wo man getrost auf die 'Suggestionskraft' der Materialien bauen kann - dann würde man den Kasten in der Tat als eine Art 'learning set' mißbrauchen.

Auf der anderen Seite vergeudete man eine ganze Reihe von Chancen, würde man nicht an bestimmten Stellen ein- und nachhaken (z. B. bei der Reflexion von Fühl- und Tasterlebnissen) oder gewisse Verknüpfungen herstellen - beispielsweise zu philosophischen, kunsttheoretischen, kunsthistorischen, ökologischen, kunstpädagogischen oder sachkundlichen Fragen.

Freilich ist weder das eine noch das andere durch den Kasten (oder das Buch) didaktisch oder methodisch festgelegt, ja, es gibt nicht einmal eine Festlegung auf eine Altersstufe oder ein Fach bzw. eine Disziplin. Insofern vertraue ich auf die Neugier, Einfallskraft und den Einfallsreichtum der Vermittelnden und auf ihre Fähigkeit, auf die Neugier, Einfallskraft und den Einfallsreichtum derer zu vertrauen, mit denen zusammen sie an einem Thema arbeiten.

---

[195] R. Stielow: Industrieller WAAhn, Beuys und erste Umrisse einer kulturökologischen Kunstpädagogik. In: G. Selle (Hg.): Experiment ästhetische Bildung, Reinbek 1990, S. 362

Vielleicht ein hoher Anspruch - aber wie soll man sich Fortschritte (oder auch ein gleichbleibendes Niveau) in der pädagogischen Praxis vorstellen ohne das autonome, phantasievolle Aneignungsvermögen derer, denen es um die Kunst der Vermittlung zu tun ist ...

„Das Material-Buch" ist ein Steinbruch, kein Dom.

In Steinbrüchen wird gearbeitet, Dome sind fertig.

In Brüchen wird experimentiert, in Domen zelebriert.

Die vom Dom müssen immer wieder zurück in die Brüche - von sich aus.

5 Literatur

J. L. Ackrill: Aristoteles, Berlin/New York 1985

G. Adriani, W. Konnertz, K. Thomas: Joseph Beuys, Leben und Werk, Köln 1981

Aisthesis, Wahrnehmung heute; hrsg. v. K. Barck u.a., Leipzig 1990

Aristoteles' Physik (erster Halbband): Hamburg 1987, übers. und hrsg. von H. G. Zekl

Aristoteles: Über die Seele, Paderborn 1961, übers.u. hrsg. von P. Gohlke

Aristoteles: Über die Glieder der Geschöpfe, Paderborn 1959, übers.u. hrsg. von P. Gohlke

H. Barth: Erkenntnis der Existenz, Basel/Stuttgart, 1965

H. Barth: Existenzphilosophie und neutestamentliche Hermeneutik, Basel/Stuttgart 1967

Gr. Bateson: Geist und Natur, Frankfurt am Main 1987

Bauhaus Weimar: 1919-1925, Dessau: 1925-1928: hrsg. von H. Bayer, W. Gropius, I. Gropius, Stuttgart 1955

Bauhaus-Archiv, M. Droste (Hrsg.): Bauhaus 1919-1933, Köln 1990

A.G. Baumgarten: Meditationes philosophicae de nonnullis ad poema pertinentibus, Halle 1735; reprogr. Nachdruck in: Reflections on poetry, A.G. Baumgarten's Meditationes philosophicae de nonnullis ad poema pertinentibus, translated with the original text, and introduction and notes by K. Aschenbrenner und W.B. Holther, Berkeley/Los Angeles 1954

H. Bayer, W. Gropius, I. Gropius (Hrsg.): Bauhaus 1919-1928, Stuttgart 1955

J. Beuys: Aufruf zur Alternative, in: Frankfurter Rundschau vom 23.12. 1978

J. Beuys: documenta-Arbeit, Katalog zur Ausstellung im Museum Fridericianum Kassel vom 5.9. bis 14.11. 1993, hrsg. von Veit Loers und Pia Witzmann, Kassel 1993

J. Beuys: Im Gespräch mit Knut Fischer und Walter Smerling, Köln 1989

J. Beuys / M. Ende: Kunst und Politik: Ein Gespräch, Wangen 1989 (Freie Volkshochschule Argental)

J. Beuys: Natur, Materie, Form, Katalog zur Ausstellung in der Kunstsammlung Nordrhein-Westfalen (Düsseldorf 30.11.1991 – 9.2.1992), hrsg. von Armin Zweite, München 1991

J. Beuys: Skulpturen und Objekte, Katalog zur Ausstellung im Martin-Gropius-Bau Berlin vom 20.2. – 1.5. 1988, hrsg. von Heiner Bastian

E. Blechschmidt: Vom Ei zum Embryo, Stuttgart 1968

M. Bleyl: Joseph Beuys, der erweiterte Kunstbegriff (Texte und Bilder zum Beuys-Block im Hessischen Landesmuseum Darmstadt), Darmstadt 1989

G. Böhme: Für eine ökologische Naturästhetik, Frankfurt am Main 1989

G. Böhme: Philosophieren mit Kant, Frankfurt am Main 1986

G. Böhme: Atmosphäre, Frankfurt am Main 1995

H. Böhme, G. Böhme: Das Andere der Vernunft, Frankfurt am Main 1992

W. Brugger (Hrsg.): Philosophisches Wörterbuch, Freiburg 1957 (6. Aufl.)

J. Burckhardt (Hrsg): Ein Gespräch/Una Discussione: Joseph Beuys, Jannis Kounellis, Anselm Kiefer, Enzo Cucchi, Zürich 1986

J. A. Comenius: Orbis sensualium pictus, Dortmund 1978

A. Corbin: Pesthauch und Blütenduft, Eine Geschichte des Geruchs, Frankfurt am Main 1988

R. Descartes: Meditationen über die Grundlagen der Philosophie, Hamburg 1976

R. Descartes: Von der Methode des richtigen Vernunftgebrauchs und der wissenschaftlichen Forschung, Hamburg 1960

documenta 8 – Ausstellungskatalog (3 Bd.), Kassel 1987

Duden, Band 7 (Etymologie), Mannheim 1963

M. Duderstadt: Das Material-Buch, Aarau/Frankfurt am Main/ Salzburg 1992

B. Edwards: Garantiert zeichnen lernen, Reinbek bei Hamburg 1982

M. Eliade: Schmiede und Alchimisten, Stuttgart 1980

Enzyklopädie Erziehungswissenschaft: Handbuch und Lexikon der Erziehung in 11 Bänden, hrsg. von D. Lenzen unter Mitarbeit von A. Schränder, Stuttgart 1983

W. G. Ernst: Bausteine der Erde, Stuttgart 1986

M. Fälling-Albers (Hrsg.): Veränderte Kindheit – Veränderte Grundschule, Frankfurt am Main 1989, (Arbeitskreis Grundschule, Heft 75)

K. v. Frisch: Tiere als Baumeister, Frankfurt am Main/Berlin/Wien 1974

H. Happ: Hyle – Studien zum aristotelischen Materie-Begriff, Berlin/New York 1971

V. Harlan: Was ist Kunst? – Werkstattgespräche mit Joseph Beuys, Stuttgart 1988 (3.Aufl.)

V. Harlan, R. Rappmann, P. Schata: Soziale Plastik – Materialien zu Joseph Beuys, Achberg 1984 (3. erw. und erg. Aufl.)

G. Hauff, H. R. Schweizer, A. Wildermuth (Hrsg.): In Erscheinung treten – Heinrich Barths Philosophie des Ästhetischen, Basel 1990

G. W. F. Hegel: Ästhetik I/II, Stuttgart 1977

H. v. Hentig, Ergötzen, Belehren, Befreien – Schriften zur ästhetischen Erziehung, München 1985

J. G. Herder: „Der Mensch ist der erste Freigelassene der Schöpfung: aus den ersten fünf Büchern der „Ideen zur Philosophie der Geschichte der Menschheit", Stuttgart 1989

J. G. Herder: Mensch und Welt, Jena 1942

G. Hermann, H. Riedel, R. Schock, B. Sommer: Das Auge schläft, bis es der Geist mit einer Frage weckt, Weinheim, München 1993 (5. Aufl.)

D. Hoffmann-Axthelm: Sinnesarbeit, Frankfurt am Main/New York 1987

J. Itten: Mein Vorkurs am Bauhaus, Ravensburg 1963

D. Kamper, Chr. Wulf: Das Schwinden der Sinne, Frankfurt am Main 1984

I. Kant: Kritik der reinen Vernunft (1), Band III Werkausgabe, Frankfurt
am Main 1990

I. Kant: Kritik der reinen Vernunft (2), Band IV Werkausgabe, Frankfurt
am Main 1990

I. Kant: Kritik der Urteilskraft, Band X Werksausgabe, Frankfurt am Main
1990

D. Katz: Der Aufbau der Tastwelt, Leipzig 1925

F. Kiener: Hand, Gebärde und Charakter, München/Basel 1962

W. Klafki: Das pädagogische Problem des Elementaren und die Theorie der
kategorialen Bildung, Weinheim 1959/1964

G. Klaus u. M. Buhr (Hrsg.): Philosophisches Wörterbuch, Leipzig 1969

F. Kluge: Griechisch-Deutsches Wörterbuch, Graz 1954 (Nachdruck der
dritten Auflage)

Künstler, Kritisches Lexikon der Gegenwartskunst, München 1982, Ausgabe 20

H. Kükelhaus: Fassen Fühlen Bilden, Köln 1978

H. Kükelhaus, R. z. Lippe: Entfaltung der Sinne, Frankfurt am Main 1982

Kunst wird Material: Katalog zur Ausstellung in der Nationalgalerie Berlin
vom 7.10. – 5.12. 1982

R. z. Lippe: Sinnenbewußtsein, Reinbek bei Hamburg 1987

R. Long: In Kreisen gehen, deutsche Fassung des Katalogbuches Walking
in circles, London 1991

R. Long: Skulpturen, Fotos, Texte, Bücher, Katalog zur Ausstellung im
Neuen Museum Weserburg Bremen, Bremen 1993

H. Marcuse: Triebstruktur und Gesellschaft, Frankfurt am Main 1968

K. Marx: Die Frühschriften, Stuttgart 1964

K. Marx: Ökonomisch-philosophische Manuskripte, Leipzig 1970

K. Matthies, M. Polzin, R. Schmitt (Hrsg.): Ästhetische Erziehung in der
Grundschule, Frankfurt am Main 1987 (Arbeitskreis Grundschule,
Heft 69)

K. Matthies: Schönheit, Nachahmung, Läuterung, Frankfurt am Main 1988

H. Menge: Lateinisch-Deutsches Schulwörterbuch mit besonderer Berücksichtigung der Etymologie, Berlin 1911

Menge-Güthling: Langenscheidts Großwörterbuch der griechischen und
deutschen Sprache, Berlin/München/Zürich, 20. Aufl. 1967

M. Minssen: Der sinnliche Stoff, Stuttgart 1986

L. Moholy Nagy: Von Material zu Architektur, Mainz/Berlin 1968 (Neue
Bauhausbücher)

A. Montagu: Zum Kind reifen, Stuttgart 1984

M. Montessori: Die Entdeckung des Kindes, Freiburg/Basel/ Wien
1969/1987

M. Montessori: Das kreative Kind, Freiburg/Basel/Wien 1972 /1989

M. Montessori: Kinder sind anders, Stuttgart 1987

M. Montessori: Erziehung zum Menschen, Montessori-Pädagogik heute, Frankfurt am Main 1988

P. Moraux (Hrsg.): Aristoteles in der neueren Forschung, Darmstadt 1968

L. Nilsson: Ein Kind entsteht, München 1984

W. Pape: Griechisch-Deutsches Wörterbuch, Graz 1954 (Nachdruck der dritten Auflage)

J. H. Pestalozzi: Wie Gertrud ihre Kinder lehrt, Bad Heilbrunn/Obb. 1983

H. Plessner: Gesammelte Schriften, Bd. III, Frankfurt am Main 1980

M. Polzin (Hrsg.): Bewegung, Spiel und Sport in der Grundschule, Frankfurt am Main 1992, (Arbeitskreis Grundschule, Heft 85)

Fr. Ponge: Einführung in den Kieselstein, Frankfurt am Main 1986

Fr. Ponge: Im Namen der Dinge, Frankfurt am Main 1973

Fr. Ponge: Texte zur Kunst, Frankfurt am Main 1967

Th. Raff: Die Sprache der Materialien, München 1994

J.-J. Rousseau: Emil oder über die Erziehung, Paderborn/ München/Wien/Zürich 1987 (1971)

U. Rückriem: Skulpturen 1968-1973, Köln 1973

U. Rückriem: Skulpturen 1977-1978, Kunstverein Münster

M. Serres: Die fünf Sinne, Frankfurt am Main 1993

Fr. Schiller: Über die ästhetische Erziehung des Menschen, Stuttgart 1973

W. Schivelbusch: Geschichte der Eisenbahnreise, Frankfurt am Main 1989

R. Schmitt: Kinder und Ausländer, Einstellungsänderung durch Rollenspiel – eine empirische Untersuchung, Braunschweig 1979

H. R. Schweizer: Ästhetik als Philosophie der sinnlichen Erkenntnis – eine Interpretation der 'Aesthetica' A. G. Baumgartens mit teilweiser Wiedergabe des lateinischen Textes und deutscher Übersetzung, Basel/Stuttgart 1973

H. R. Schweizer: Vom ursprünglichen Sinn der Ästhetik, Zug 1976

M. Seel: Die Kunst der Entzweiung, Frankfurt am Main 1985

G. Selle: Gebrauch der Sinne, Reinbek bei Hamburg 1988

G. Selle: Das ästhetische Projekt, Unna 1992

G. Selle: Experiment ästhetische Bildung, Reinbek bei Hamburg 1990

G. Selle: Ästhetische Grunderfahrungen in der Übung „Tasten, Fühlen, Begreifen, Formen", BDK-Mitteilungen (Braunschweig), Heft 4/83

Skulptur begreifen: Katalog zu einer Ausstellung (Tastgalerie) vom 21.4.-21.6. 1981 im Kunstmuseum Hannover mit Sammlung Sprengel

Skulptur begreifen 2: Katalog zu einer Ausstellung vom 22.11. 1989-11.2. 1990 im Sprengel Museum Hannover

R. A. Spitz: Vom Säugling zum Kleinkind, Stuttgart 1974

H. Stachelhaus: Joseph Beuys, Düsseldorf 1988 (2. Aufl.)

A. Staudte: Ästhetische Erziehung 1-4, München 1980

E. Straus: Vom Sinn der Sinne, Berlin/Heidelberg/New York, 1978 (Reprint)

J. Stüttgen: Zeitstau – Im Kraftfeld des erweiterten Kunstbegriffs von Joseph Beuys, Stuttgart 1988

Wehrfritz-Katalog; Handbuch 1992 für den Elementarbereich, Wehrfritz GmbH, 96476 Rodach bei Coburg, Postfach 1107

C. F. v. Weizsäcker: Die Einheit der Natur, Stuttgart 1974

C. F. v. Weizsäcker: Die Geschichte der Natur, Göttingen 1979

C. F. v. Weizsäcker: Zum Weltbild der Physik, Stuttgart 1949

W. Welsch: Aisthesis – Grundzüge und Perspektiven der Aristotelischen Sinneslehre, Stuttgart 1987

W. Welsch: Ästhetisches Denken, Stuttgart 1991 (2.Aufl.)

R. Wick: Bauhaus-Pädagogik, Köln 1982

R. Wick (Hrsg.): Ist die Bauhaus-Pädagogik aktuell?, Köln 1985

W. Wieland: Die aristotelische Physik, Göttingen 1962

H. M. Wingler: Das Bauhaus, Bramsche 1968

L. Wittgenstein: Vorlesungen und Gespräche über Ästhetik, Psychologie und Religion, Göttingen 1968

K. Wünsche: Bauhaus – Versuche, das Leben zu ordnen, Berlin 1989

K. Zimmer: Das Leben vor dem Leben, München 1988